小巨人

与 努 力 的 人 一 起 奔 跑

企业融资

从融资策划到上市

杜昆　著

SPM 南方传媒 | 广东经济出版社
·广州·

图书在版编目（CIP）数据

企业融资 ：从融资策划到上市 / 杜昆著. --广州 ：广东经济出版社，2025．3. -- ISBN 978-7-5454-9628-4

Ⅰ. F275.1

中国国家版本馆CIP数据核字第2025DR8693号

责任编辑：刘 燕
责任技编：陆俊帆
责任校对：黄思健
封面设计：集力書裝 彭 力

企业融资：从融资策划到上市
QIYE RONGZI：CONG RONGZI CEHUA DAO SHANGSHI
出 版 人：刘卫平
出版发行：广东经济出版社（广州市水荫路11号11～12楼）
印　　刷：广州市豪威彩色印务有限公司
（广州市增城区宁西街新和南路4号一楼106房）

开　　本：787mm×1092mm 1/16　　**印　　张**：16
版　　次：2025年3月第1版　　**印　　次**：2025年3月第1次
书　　号：ISBN 978-7-5454-9628-4　　**字　　数**：261千字
定　　价：79.00元

发行电话：（020）87393830　　编辑邮箱：gdjjcbstg@163.com
广东经济出版社常年法律顾问：胡志海律师　　法务电话：020-37603025
如发现印装质量问题，请与本社联系，本社负责调换

前　言

企业融资的目的是获得更多的资金，更好地发展企业。首先，企业融资能够扩大经营规模，增加资本积累，改善股东结构，提升盈利能力，增强抗风险能力。其次，企业融资能够加快公司的发展速度，优化资源配置。最后，企业融资能够有效缓解现金流压力，降低财务风险。

中国资本市场已经成为仅次于美国的全球第二大资本市场。中国上市公司协会于2024年5月1日发布的《中国上市公司2023年经营业绩报告》显示，截至2023年底，全市场上市公司共5346家，其中主板3208家、创业板1333家、科创板566家、北交所239家。全年新增上市公司313家，募集资金净额3571亿元，其中创业板、科创板、北交所新上市254家，占比81%，募集资金净额2815亿元，占比79%。

自2019年以来，中国资本市场进行了全面的深化改革，落地实施了多项重大举措，包括设立科创板并试点注册制、新三板推出精选层并优化交易监管、创业板改革发行上市条件和退市制度，以及北交所扩容等，这些改革显著提升了市场的包容性、竞争力和国际影响力，为中小企业和创新型企业提供了更多融资渠道，促进了资本市场的健康发展。

展望未来5～10年，中国资本市场预计将进一步深化改革，同时保持高水平开放。中国证券监督管理委员会（简称“中国证监会”）将继续积极支持符合条件的优质企业在境内上市融资，满足企业多元化的融资需求；将持续推进资本市场的双向开放，完善投融资功能，进一步提升市场的国际化水平；将致力于促进多层次资本市场的健康发展，为企业提供更丰富、更高质量的融资渠道，以支持我国经济实现更高质量的发展。

融资上市对于企业的发展至关重要，它不仅能帮助企业实现快速增长，还能为企业带来更广阔的市场和更多元化的资源。然而，企业想要成功融资和上市并非易事，必须经过细致的规划和策略安排，确保每一步都精准稳健。

本书旨在为企业提供一份详尽的上市规划指南，从寻找百亿市值的细分赛道开始，到规划融资上市路径、重构商业模式、提升盈利能力，再到整合技术、人才和供应链资源，对每一个环节都进行了深入的剖析和指导。同时，本书还介绍了如何合理设置股权激励方案，以激发员工的积极性和创造力，以及如何包装融资故事、与投资人有效沟通、撰写上市方案、选择合适的券商合作等。

本书将帮助企业全面了解融资上市的过程和要点，为企业实现上市梦想提供有力的支持和指导。无论是初创企业还是已经具备一定规模的企业，都能从中获得实质性的启示和帮助，从而加速自身的成长和壮大。

目录

第三章
重构商业模式　提升盈利能力

第四章
整合资源　强化核心竞争力

第五章
企业激励机制的设计与实施

第六章
融资路径和与投资人沟通

第七章
企业上市规划与实践

第八章
券商的选择

第九章
上市后的企业管理

附录

第一章

01

寻找百亿市值的细分赛道

第一节　行业分析与市场调研

行业是指一群企业，它们提供相同或相似的产品或服务，或者处于相同的生产、分销和供应链环节。行业可以根据不同的标准进行分类，如按照三次产业分类，可分为第一产业、第二产业和第三产业；按照经济活动性质分类，可分为生产行业、流通行业和服务行业等。每个行业都有其发展历程，都会经历不同的阶段，如起步期、成长期、成熟期和衰退期。随着经济的发展和技术的进步，一些传统行业逐渐衰退，新兴行业不断涌现，行业格局也在发生变化。行业发展会受到多种因素的影响，如技术进步、政策法规、市场需求等。未来，部分传统行业可能会逐渐退出历史舞台，新兴行业将继续保持快速发展。

创业初期，做好行业分析和市场调研是第一步。无论从事哪个行业，都必须对自己所处的行业状况和市场环境有一个清晰的认知，知己知彼才能百战不殆，消费者需求、竞争环境、政策、市场规模等内容都是和企业未来盈利状况息息相关的，审时度势是企业发展最好的指南针。

一、行业分析

行业分析是指对特定产业的经济、技术、市场和竞争环境进行综合研究的方法。它涵盖了行业发展的各个方面，包括产业链、市场结构、市场规模、市场集中度、行业竞争态势等。通过对这些方面的深入了解，企业可以全面把握行业的发展状况和市场机遇，制定合适的发展战略。

行业分析主要侧重两个方面：一是行业环境和基本面分析，包括行业类型、外部因素、需求与供给、获利能力等多个方面的综合评估。这一过程有助于我们全面把握行业内公司的经营环境和背景，为公司分析和价值判断提供支持。二是行业经营特征分析，即通过对行业经营特点、产业链与价值链的构成及运作规律的探索，揭示行业内企业在经营过程中展现的特定规律和竞争优势。

行业分析通常分为两大类：定性分析和定量分析。

定性分析深入探索行业的内在本质，主要方法包括专家访谈、案例研究和PEST分析。定性分析可以帮助我们了解行业的内在规律、发展动力以及潜在机遇和挑战。专家访谈能为我们揭示行业前沿的专业见解和趋势预测；案例研究则通过研究成功或失败的案例，为我们提供行业宝贵的经验教训；PEST分析主要从政治（political）、经济（economic）、社会（social）和技术（technological）四个方面对行业外部环境进行全面评估。其中，政治因素包括政策法规、政府扶持等，经济因素涉及国内生产总值、通货膨胀等，社会因素包括消费观念、人口结构等，技术因素则涉及科技创新、行业变革等。通过对这四个方面的分析，企业可以深入了解宏观环境对行业发展的影响，从而更好地应对市场变化。此外，对比分析、产业集群分析等多元方法，也为我们提供了更加全面、多维度的行业视角。

而定量分析则侧重于运用数据和统计，对行业进行精确度量。市场调查、财务分析、产量分析等量化手段，有助于我们客观、准确地评估行业的规模、结构和竞争格局。这些数据研究为企业提供了把握市场需求、优化资源配置的关键信息，为企业的战略决策提供了有力支持。

二、市场调研

市场调研是运用科学的方法，有目的、有计划地收集、整理、分析有关供求、资源的各种情报、信息和资料。是把握供求现状和发展趋势，为制定营销策略和企业决策提供正确依据的信息管理活动。

市场调研是市场调查与市场研究的统称，它是个人或组织根据特定的决策问题而系统地设计、搜集、记录、整理、分析及研究市场各类信息资料、报告调研结果的工作过程。

市场调研是市场预测和经营决策过程中必不可少的组成部分。市场调研是企业制定营销计划的基础。作为市场营销活动的重要环节，市场调研给消费者提供了一个表达自己意见的机会，使他们能够把自己对产品或服务的意见、想法及时反馈给企业或供应商。通过市场调研，企业能够了解消费者对产品或服务质量的评价、期望和想法。

市场调研工作的基本过程包括明确调查目标、设计调查方案、制定调查工作计划、进行调查、整理和分析调查资料、撰写调查报告。企业开展市场调研可以采用如下两种方式：一是委托专业市场调研公司来做；二是企业自己来做，企业可以设立市场研究部门，由市场研究部门负责此项工作。

1. 市场调研的意义

市场调研对营销管理的意义表现在五个方面：提供作为决策基础的信息、弥补信息不足的缺陷、了解外部信息、了解市场环境变化及了解新的市场环境。

2. 市场调研的分类

市场调研包含不同的分类方向，按方法属性分类，可分为定量研究、定性研究；按研究领域分类，可分为渠道研究（零售研究）、媒介和广告研究、产品研究、价格研究等；按行业属性分类，可分为商业研究和工业研究。此外，市场调研还可分为针对少数民族和特殊群体的研究、民意调查及桌面（案面）研究等相对独立的研究。

3. 市场调研的内容

（1）市场环境调查。

市场环境主要包括经济环境、政治环境、社会文化环境、科学环境和自然地理环境等。具体的市场环境调查内容可以是市场的购买力水平、经济结构，国家的方针、政策和法律法规，风俗习惯，科学发展动态，气候等各种影响市场营销的因素。

（2）市场需求调查。

市场需求调查主要包括消费者需求量调查、消费者收入调查、消费结构调查、消费者行为调查，具体为消费者为什么购买、购买什么、购买数量、购买频率、购买时间、购买方式、购买习惯、购买偏好和购买后的评价等。

（3）市场供给调查。

市场供给调查主要包括产品生产能力调查、产品实体调查等。具体为某一产品市场可以提供的产品数量、质量、功能、型号、品牌等，生产供应企业的情况等。

（4）市场营销因素调查。

市场营销因素调查主要包括产品调查、产品价格调查、渠道调查和促销活动调查。产品调查主要包括了解市场上新产品开发及设计情况、消费者使用情况、消费者评价、产品生命周期阶段、产品组合情况等。产品价格调查主要有了解消费者对价格的接受情况、对价格策略的反应等。渠道调查主要包括了解渠道结构、中间商情况、消费者对中间商的满意情况等。促销活动调查主要包括了解各种促销活动的效果，如广告实施效果、人员推销效果、营业推广效果和对外宣传的市场反应等。

（5）市场竞争情况调查。

市场竞争情况调查主要包括对竞争企业的调查和分析，了解同类企业的产品、产品价格等方面的情况，以及它们采取了什么竞争手段和策略，做到知己知彼，通过调查帮助企业确定竞争策略。

4. 市场调研的方法

市场调研的方法主要分为文案调研、实地调研、特殊调研和竞争对手调研。

（1）文案调研。

文案调研主要侧重于收集和分析各种现有文献资料，包括历史记录、统计报告、市场报告、宣传资料、行业分析报告等，主要渠道是网上资料搜索和图书馆等书籍信息搜索。

（2）实地调研。

实地调研是一种更为直接和深入的调研方法，通常包括询问法、观察法和实验法。

询问法即调查人员通过各种方式向被调查者发问或征求意见来搜集市

场信息的一种方法，可分为深度访谈、GI座谈会、问卷调查等方法，其中问卷调查又可分为电话访问、邮寄调查、留置问卷调查、入户访问、街头拦访等形式。采用此方法的注意点包括：所提问题确属必要，被访问者有能力回答所提问题，访问的时间不能过长，询问的语气、措辞、态度、气氛必须合适。

观察法即调查人员在调研现场，直接或通过仪器观察、记录被调查者行为和表情，以获取信息的一种调研方法。

实验法即通过实际的、小规模的营销活动来调查关于某一产品销售效果或某项营销措施执行效果等市场信息的方法。实验的主要内容有产品的质量、品种、商标、外观、价格、促销方式及销售渠道等。它常用于新产品的试销和展销。

（3）特殊调研。

特殊调研有固定样本、零售店销量、消费者调查组等持续性实地调研，投影法、推测试验法、语义区别法等购买动机调研，CATI（计算机辅助电话调查）等形式。

（4）竞争对手调研。

调研竞争对手的根本目的是通过一切可获得的信息查清竞争对手的状况，包括产品和价格策略、渠道策略、营销（销售）策略、竞争策略、研发策略、财务状况及人力资源情况等，发现其竞争弱势点，帮助企业制定恰如其分的进攻策略，扩大自己的市场份额；另外，对竞争对手最优势的部分，需要制定回避策略，以免发生对企业造成损害的事件。

5. 市场调研分析

市场调研分析主要有三种方法。

第一，波特五力模型分析法。通过评估行业内现有竞争者的竞争激烈程度、新进入者的潜在威胁、替代品或服务的可行性、供应商的议价能力以及买方的议价能力，为企业提供了一个深入分析行业结构、预测市场变化、制定和调整战略以提升竞争力和盈利能力的框架，并强调了持续监控行业动态的重要性，以确保战略的时效性和适应性。

第二，波顿矩阵分析。根据市场引力和企业实力分析自身的产品结构，市场引力主要包括企业销售增长率、目标市场容量及竞争对手实力等外在要素；企业实力包括产品的市场占有率、技术、资金及人力资源利用率等内在要素。市场引力大且市场占有率高说明这个企业未来的发展前景良好，但如果有一个要素不达预期，那么它的发展前景就一般了。

第三，SWOT分析法。SWOT分析法主要从优势（strengths）、劣势（weaknesses）、机会（opportunities）和威胁（threats）四个维度全面剖析企业的内外部环境。该方法在大集团公司的战略制定和竞争对手研究中尤为常见。虽然该方法对于创业公司而言可能略显烦琐，但其核心理念仍具有指导意义。SWOT分析法的核心步骤包括深入分析环境因素，构建SWOT矩阵，并据此制定针对性的行动计划。

三、行业分析与市场调研的关系

1. 市场调研对行业分析的贡献

第一，市场调研为行业分析提供了丰富的数据支持。通过深入的市场调研，可以收集并分析大量关于市场现状、发展趋势、消费者行为等多维度的数据，这些数据有助于分析者更加全面、准确地了解行业发展状况。第二，市场调研可以揭示市场实时变化。市场是动态的、变化无常的。有效的市场调研能够及时捕捉市场的最新动态，为行业分析提供支持。这样，分析者就可以紧跟市场节奏，洞察行业未来的发展趋势，为企业策略制定提供前瞻性的指导。第三，市场调研能够发掘潜在的市场需求和商业机会。在激烈的市场竞争中，发现新的市场需求和商业机会对企业的发展至关重要。市场调研能够揭示市场需求的变化和消费者的购买意愿，深入挖掘那些尚未被满足的市场需求和潜在的商业机会，为企业开拓新的发展空间提供有力的支持。第四，市场调研还有助于企业制定精准有效的市场营销策略。通过对市场现状、竞争对手、消费者需求的深入分析，企业可以更好地进行产品定位，制定价格策略、促销活动等市场营销方案，进而提高市场竞争力，实现业务的持续增长。

2. 行业分析对市场调研的指导作用

行业分析在企业市场调研中具有举足轻重的作用。通过深入研究行业内的企业构成、产品特点、技术创新和市场动态，企业能够了解行业整体的发展脉络、竞争格局及市场规模等关键信息。这些信息使企业的市场调研工作更具针对性，让企业市场调研的目标设定更加精准。

此外，行业分析对于企业预测市场需求也具有非常重要的意义。通过对行业历史数据的梳理和当前市场状况的分析，企业能够洞察未来市场需求的变化趋势。这有助于企业把握市场机遇，提前布局，从而灵活应对市场的风云变幻。同时，这也有助于企业制定合理的产品规划和营销策略，进而提升企业的市场竞争力。

在制定调研策略方面，行业分析同样发挥着关键作用。基于行业分析结果，企业可以制定更加科学、合理的市场调研策略，包括选择恰当的调研方法、筛选合适的样本，以及进行精准的数据分析等。这些策略的制定可以确保调研结果的准确性和可靠性，从而为企业的决策提供坚实的数据支持。

行业分析还能引导企业关注行业的重点领域和问题。通过对行业现状、政策法规、技术进步等多维度的分析，企业能够发现行业发展的瓶颈、机遇与挑战。这有助于企业精准把握行业发展的关键所在，为制定针对性的解决策略提供有力依据。

最后，行业分析还有助于提高企业市场调研的效率和有效性。通过对行业数据的系统整理和分析，企业能够在更短的时间内全面了解行业状况，从而提高企业市场调研的效率和有效性。

综上所述，行业分析在市场调研中具有举足轻重的地位。它不仅能够为企业提供全面、深入的市场信息，还有助于企业明确调研目标、预测市场需求、制定调研策略、引导企业关注行业的重点领域和问题，以及提高企业市场调研的效率和有效性。

3. 市场调研与行业分析的互动与融合

市场调研与行业分析犹如企业的“双翼”，共同助力企业腾飞。市场调研聚焦于市场现状与未来动向，深入挖掘市场需求、竞争对手及消费者行为等关键信息；而行业分析则立足于宏观视野，深入剖析行业的长期发展趋势、产业政策、技术创新及竞争格局等要素。

市场调研为行业分析提供了鲜活的市场数据和生动案例，帮助企业精准把握市场脉搏，找准市场定位。行业分析则从更宏观的角度出发，结合国家政策和行业趋势，为企业指明前进方向。这种互补关系使企业在复杂多变的市场环境中能够敏锐洞察机遇，灵活应对挑战。

市场调研和行业分析之间的相互促进关系同样不可忽视。市场调研能够验证和修正行业分析的结论，为其提供更具体、更具针对性的市场信息；而行业分析则能为市场调研提供更广阔的视野和更深入的分析，帮助企业更全面地捕捉市场动态，了解竞争格局。

市场调研与行业分析的结果相互融合，共同为企业决策提供了坚实依据。企业可以据此深入了解市场需求和消费者行为，提供更符合市场需求的产品和服务；同时，也能更好地把握行业发展趋势，确定科学合理的长期战略和规划。这种共同决策不仅有助于企业提升竞争力，实现资源的优化配置和内部协同，还能提高企业的运营效率，推动企业持续健康发展。

四、应用示例：亚马逊的SWOT分析

亚马逊是一家总部位于美国的跨国企业，其业务横跨电子商务、数字流媒体和人工智能等多个领域。作为全球最有价值的公司之一，亚马逊以其创新精神和庞大的业务规模著称。它不仅是全球最大的在线零售平台，也是人工智能服务和直播内容的领先提供商。作为全球顶尖的在线零售商，亚马逊已取得了令人瞩目的成绩，并成功实现了许多商业目标。下面我们用SWOT分析法来对亚马逊当前情况进行剖析。

图1-1　亚马逊的SWOT分析

1. 亚马逊的优势

亚马逊作为全球知名的电子商务平台，拥有庞大的用户规模和广泛的品牌影响力。截至2023年底，它在全球拥有超过3亿的活跃用户。这一成就得益于亚马逊多年来在全球市场的深耕细作和持续推广。通过提供多语言版本的网站、本地化的商品和服务，以及实施适应不同文化背景的营销策略，亚马逊成功地将自己打造成一个深受全球消费者喜爱的电商平台。其独特的品牌标识和卓越的服务质量，赢得了消费者的高度信任和忠诚。

亚马逊提供的商品种类繁多，从图书、电子产品到服装、家居用品等，几乎覆盖了消费者生活的方方面面。丰富的商品种类不仅满足了不同消费者的需求，也增强了其在市场上的竞争力。亚马逊Prime会员服务通过提供免费快递、视频流媒体、音乐和电子书等特权，进一步提升了客户的购物体验和忠诚度。亚马逊Web服务（AWS）作为全球领先的云计算平台，为不同规模的企业提供包括服务器、存储、数据库在内的强大云服务，多元化的业务发展为亚马逊带来了更多的收入来源。

亚马逊的全球市场覆盖与物流网络是其另一核心优势。亚马逊遍布全球180多个国家和地区的服务网络，使其能够触及全球消费者，扩大其市场份额。亚马逊还建立了高效的物流网络，确保其平台上的商品能够安全、迅速地送到消费者手中。

在运营和创新能力方面，亚马逊也展现了其强大的实力。亚马逊运营人员的工作涵盖了商品列表、商品描述、商品价格的维护与优化，以及商品广告推广等。他们需要掌握的关键技能包括产品研究分析、系统优化运用、数据分析应用、客户体验提升、物流运作流程掌控、价格策略制定、团队协作、危机处理及社会化营销推广等，这些技能的运用确保亚马逊在竞争激烈的市场中保持领先地位。亚马逊通过技术创新不断推出新服务和新功能，如Prime会员服务、智能推荐系统、一键下单等，极大地提升了消费者的购物便捷性和满意度。

2. 劣势分析

首先，亚马逊依赖第三方卖家来丰富其商品种类和数量。这种做法虽然增加了商品的多样性，但也带来了一定的风险。一方面，亚马逊对这些卖家的商品质量控制力度有限，这可能会影响消费者的购物体验和对亚马逊品牌的信任度。另一方面，如果第三方卖家因为各种原因（如供应链问题、政策变动等）减少或停止在亚马逊上销售，亚马逊的商品多样性和客户选择可能会受到不利影响。

其次，亚马逊在全球范围内面临着来自不同竞争对手的挑战，尤其在一些关键市场。例如，在电商领域，亚马逊不仅要应对美国本土的竞争对手，如eBay、沃尔玛，还要面对来自中国的电商平台，如阿里巴巴、TikTok等的竞争。此外，在云计算领域，亚马逊的AWS服务虽然占据市场领先地位，但也面临着来自微软Azure、谷歌云平台等的激烈竞争。市场饱和问题也不容忽视，特别是在美国和欧洲等成熟市场，新的增长点正变得越来越难以寻觅，这要求亚马逊不断探索新的增长策略和寻求新的市场机会。

最后，受市场饱和和竞争加剧的影响，亚马逊的增长速度近些年已有所放缓。亚马逊传统的零售业务在一些地区面临增长瓶颈，而AWS云服务业务虽然还在增长，但其增速也在放缓。为了应对这一挑战，亚马逊需要不断探索新的业务领域和市场，同时提高现有业务的运营效率和盈利能力。

3. 机会分析

随着经济和科技的发展，东南亚、非洲和拉丁美洲等地区的互联网普及率和电商渗透率不断提升，这为亚马逊提供了巨大的增长潜力。

亚马逊在技术方面的创新也为其带来了更多的发展机会。亚马逊在人工智能和机器学习领域的投资不仅提升了其运营效率，还增强了其在个性化购物体验方面的竞争力。通过这些技术，亚马逊能够更好地理解消费者需求，提供定制化服务，并优化库存管理。

此外，亚马逊拥有庞大的用户数据资源，其数据分析能力在增强个性化服务和客户体验方面发挥着关键作用。亚马逊通过深入分析用户行为和偏好，能够为用户提供更加精准的产品和服务推荐，改善用户体验。数据分析还帮助亚马逊在定价策略、库存管理和市场营销等方面做出更明智的决策。

4. 威胁分析

亚马逊作为全球最大的电商平台之一，其业务的扩展和运营也面临着多方面的威胁。

首先，监管机构的审查对亚马逊构成了严峻挑战，特别是反垄断调查和数据隐私问题。在欧盟，亚马逊曾因涉嫌滥用市场主导地位，利用第三方卖家数据推动自家销售而受到反垄断法的调查。这种做法被形象地比喻为“既是运动员又是裁判”，引发了监管机构的密切关注。另外，由于数据处理不当，亚马逊也曾因违反欧盟通用数据保护条例，导致创纪录的7.46亿欧元罚款。

其次，全球经济的波动性和贸易关系的紧张也对亚马逊的供应链和销售造成了影响。中美贸易摩擦增加了亚马逊在国际市场上的运营成本和复杂性，给其业务带来了不确定性。同时，新型冠状病毒疫情也暴露了亚马逊供应链的脆弱性，迫使它重新审视其物流和配送策略，这可能涉及对本地化配送中心的投资，进而导致运营成本上升和利润率下降。

最后，来自竞争对手的技术创新和市场策略也是亚马逊不得不面对的威胁。eBay、沃尔玛、阿里巴巴等竞争对手的激烈竞争，尤其是沃尔玛在在线市场的积极扩张和阿里巴巴在新兴市场的迅速成长，使得竞争环境更加严峻。亚马逊必须持续创新和调整策略，以维持其市场领导地位。在人工智能领域，面对OpenAI、微软和谷歌等对手的挑战，亚马逊需要在产品创新、服务质量和用户体验等方面加速进步，以保持其竞争优势。

第二节　企业细分市场识别

一、评估企业的发展潜力

企业发展潜力是指某个企业的发展预期和潜在的价值生产能力，它存在于市场、资源和能力的对应关系之中。具体来说，企业发展潜力可以从资源要素、管理要素和能力要素三个方面进行评估（图1-2）。这些要素共同作用于企业，确保其在复杂多变的市场环境中能够保持敏锐的洞察力和高效的执行力，从而取得持续的竞争优势。

图1-2　评估企业发展潜力的三个要素

1. 资源要素

企业资源可以分为资本形态的资源、组织形态的资源、文化精神形态的资源、信息资源和环境资源。

资本形态的资源包括有形资产，如房屋建筑物、机器设备等固定资产，银行存款、应收账款、存货等流动资产；也包括各种无形资产，如发明专利、商标、专有技术、特许经营权等。

组织形态的资源包括组成组织的人力资源、制度系统资源和社会网络资源。人力资源很好理解，在此不再赘述。制度系统资源包括企业的各项制度和运营体系，如组织结构、规章制度、计划管理体系、生产经营指挥系统、内部沟通交流系统、全面质量管理系统、财务管理体系、市场营销体系、信息管理系统等，我们要从资源的角度来认识和挖掘这些制度与运营体系。社会网络资源包括现有的市场空间、销售体系、客户网络、原材料的供应系统、协作伙伴与战略联盟，以及外界聘请的专家咨询委员会。

文化精神形态的资源可以分为价值体系资源和文化体系资源，体现了企业的核心价值观。价值体系资源包括企业产品和服务的质量、企业信誉和声誉、企业内部的各类行为标准以及企业价值导向。文化体系资源包括企业宗旨、企业传统与习惯、企业凝聚力、团队精神、企业创造力、企业风险承受能力、企业智商等。其中，企业智商是指企业作为一个整体是否善于学习，能否从自己和他人的成功与失败中获得经验教训，体现了企业的学习能力。

信息资源包括企业内部和外部的各种信息，如市场信息、技术信息、政策信息、管理信息、竞争者信息等。企业的各种营运系统和全体员工掌握着信息资源，企业内大量的信息在流动，但这些信息可能在有序流动，也可能在无序流动。信息是资源，我们不应该在不知不觉中丧失掌握信息的机遇。

环境资源是指企业所处的地理环境和经济环境，如企业所在地的地理位置、气候条件、交通运输条件及公用设施等，这也是企业应该考虑的，是企业进行产业调整、战略转移的重要依据。

2. 管理要素

企业的经营活动离不开管理，管理作为一种手段，对于企业的运营至关重要。它通过计划、组织、激励、控制和协调等五项基本职能，将资源和经营活动有机地融合。在这个过程中，管理不仅确保了企业资源的合理利用，也保证了经营活动的有效性。

管理通过其计划职能对企业的未来发展进行预测和规划，为企业的发展指明了方向。管理通过组织职能，对企业内部的资源进行整合和配置，使企业的各项经营活动能够有序进行。激励职能起着激发员工积极性和创造力的重要作用，使企业充满活力。控制职能和协调职能是保证企业各项活动按照计划进行的必要手段，它们有助于企业应对外部环境的变化，确保企业的稳定运营。

此外，企业文化在企业管理中起着至关重要的作用。企业文化是企业成员共同分享和传承的信念、期望和价值观念的集合，影响着企业成员的行为，以及各项管理职能的发挥。尽管企业文化并非管理职能之一，但其在企业管理中的作用日益突出。企业的人员、管理方式和发展战略可以随着时间推移而不断演进和交替，但企业文化却是生生不息的。因此，在研究企业潜力时，我们应将企业文化视为管理的“第六项基本职能”，对其进行深入的分析和研究。这样，我们才能全面了解企业的管理水平，从而更好地挖掘企业的潜力，推动企业持续发展。

3. 能力要素

（1）市场营销能力。

企业若欲实现盈利，其产品与服务须在市场中体现价值，因而市场营销能力成为企业能力要素的关键之一。

国有企业与外资企业、先进企业与滞后企业之间显著的差异即在于市场营销能力。对企业市场营销能力的分析需从战略视角展开，主要包括以下三个方面：市场定位能力、营销组合的有效性以及营销管理能力。

企业市场定位能力体现在市场定位的准确性，取决于以下四个方面的能力：市场调查与研究能力、把握市场细分标准的能力、评估与确定目标市场的能力，以及占据与保持市场地位的能力。

企业营销组合策略涵盖产品、价格、渠道、促销及广告策略的综合运用。评估营销组合有效性主要关注以下两个方面：营销组合与目标市场中客户需求特征的一致性，以及营销组合与目标市场中产品生命周期的一致性。

企业营销管理能力从管理职能角度评估企业对营销活动的组织能力，主要考察市场营销系统、市场营销生产率及市场营销职能。

（2）资源筹集能力。

企业资源筹集能力直接关系企业的发展方向、发展速度，甚至决定企业的生存状态。

企业资源筹集能力主要包括外部资源获取能力和内部资源积累能力两个方面。外部资源获取能力主要受以下几个因素的影响：企业所处的地理环境、企业与资源供应方的契约关系和信誉状况、资源供应方与企业之间的议价能力、资源供应方前向一体化的趋势，以及企业资源筹集部门人员的素质和效率。内部资源积累能力则关乎企业的整体实力和绩效，主要包括各经营领域的投入产出比分析、净现金流量评估、规模增长考量、企业后向一体化的必要性和能力、员工素质评价，以及对商标、专利、商誉等无形资产的分析。

（3）研究开发能力。

研究开发能力是企业核心竞争能力的一个重要方面，企业的发展越来越依靠科技进步和技术创新。企业研究开发能力的分析包括如下几个方面：研发成果分析、研发组合分析、研发人员分析及研发经费分析。

（4）生产能力。

生产能力是指在特定计划期内，企业利用其全部固定资产，在既定的组织技术条件下，所能达到的最大产品制造量或原材料处理能力。这一指标不仅量化反映了企业的加工能力，还体现了企业在一定时期（如季度、年度）内生产系统和资源的综合效能，包括产品数量、质量以及劳务的提供能力。

生产能力对于企业的成功至关重要，它既是满足市场需求、提升生产效率和质量的基石，也是企业灵活应对市场变化、实现规模经济效应、支撑发展战略的重要力量。拥有强大的生产能力意味着企业能更迅速地响应市场变动，提供更优质的产品和服务，从而在激烈的市场竞争中保持领先地位，实现长期可持续的发展。

在评估企业生产能力时，需综合考虑产量、生产效率、设备利用率、人力资源配置、产能利用率及产能调度等多个方面，以全面了解企业生产能力现状，为未来的战略规划提供有力支持。

（5）学习能力。

在当前知识经济时代，学习型组织和知识管理日益受到关注。企业的学习能力变得越来越重要，学习能力的培养将成为企业未来竞争的内在能力。企业的学习能力体现为其对内外环境变化的敏锐感知、精准预见、明智判断、迅速反应以及高效吸收信息的能力，并在决策、行动和应变中展现出卓越水准。这种能力的形成并非依赖于个别领导或关键人物，而是根植于企业整体。要提升企业的学习能力，需构建完善的运行机制、优化组织结构、培育积极向上的企业文化，并吸引和培养高素质人才。

二、找到企业的细分市场

市场细分也叫“市场分割”，是基于消费者购买欲望和需求差异性，按照特定标准将整体市场划分为若干个需求各异的产品和市场营销组合的子市场，以确立企业目标市场的活动过程。市场细分主要是按照地理、人口和心理细分市场来确立目标市场，以达到企业的营销目标。

也许有人会问，企业为什么要进行市场细分？很多企业没有做市场细分，不也照样产品销量不错，发展得很好吗？对此，我们要明白企业进行市场细分的必要性在于市场竞争态势的演变以及企业自身资源与能力的局限。在计划经济时代或大众化消费时代，市场细分并非必要，因为当时的企业无须刻意寻求适合自己的市场机会，便可实现产品销售。然而，如今我们所处的市场经济时代，竞争愈发激烈，绝大多数企业必须借助市场细分才能在纷繁复杂的市场环境中找到生存与发展之道，从而在竞争中脱颖而出。

从企业角度出发，受资源与能力的限制，企业所生产的产品无法满足所有人的需求，而只能满足一部分人。因此，企业需要有所取舍地进行经营，而这一选择过程正是市场细分所实现的。从消费者角度出发，随着需求差异的加剧，多样化与个性化已成为许多行业的发展趋势。没有任何一家企业的产品和服务能够满足所有消费者的需求。

因此，市场经济的一个显著特点便是学会“放弃”，而市场细分则为企业提供了决定放弃什么、保留什么的依据。

显然，市场细分是企业经营观念与战略转变的必要手段，亦是市场营销思想与战略发展的需求。市场细分能使企业识别未得到充分满足的顾客群体需求。通过评估各类市场机会，企业可选择与自身任务、目标、资源条件等相一致，且相较于竞争对手具有优势的市场机会，从而确定目标市场。中小企业可在较小市场中发掘市场机会，采取“小”“精”“尖”策略，集中人力、物力、财力为目标市场服务，将有限资源用于产生最大效益之处，提高目标市场竞争力。

细分市场后，企业能够更加灵活地调整营销策略、优化产品结构、安排产品价格和销售渠道等，以更好地满足消费者需求，提高市场竞争力。

细分市场的具体步骤如下：首先，根据市场需求界定产品的市场范围，并将其作为市场细分的依据。其次，列举潜在顾客的基本需求，并将其作为后续进行分析的基础资料。接着，分析潜在顾客的差异化需求，通过研究潜在顾客的态度、行为、人口变量、心理变量和消费习惯等方面的差异，进一步细分市场，找出不同潜在顾客群体的差异化需求。这些不同需求的潜在顾客群体就构成了企业的细分市场。然后，去除各细分市场的共同需求，使每个细分市场更加独特。在此基础上，对各细分市场进行更深入的分析，根据各类潜在顾客的特点为各细分市场命名。随后，对细分市场中潜在顾客的需求和行为进行深入研究，判断是否需要进一步细分或合并某些细分市场，以确保企业选定的细分市场具有规模效益。最后，评估各细分市场中潜在顾客的数量和购买力，全面把握各细分市场的市场潜力。

细分市场评价是一个全方位、多角度的市场分析、评价过程，主要包括对细分市场规模和发展空间的评估、市场吸引力的分析以及企业目标和资源的考量。

首先，我们需要关注的是细分市场的规模和发展空间。市场规模决定了企业能够获取的市场份额，而发展空间则影响了企业的增长潜力。大企业往往青睐于规模较大的细分市场，这是因为规模更大的细分市场意味着更高的销售量和更多的利润。但对于中小企业来说，进入大规模的细分市场并非明智之举，因为这需要大量的资源投入，可能会超出企业的负担范围。因此，选择适当规模的细分市场是企业成功的第一步。

其次，细分市场的吸引力也是至关重要的考量因素。竞争力的强弱、潜在进入者的威胁、替代品的威胁、供应商的议价能力及客户的议价能力这五种力量共同决定了细分市场的长期吸引力。企业在选择细分市场时，需要深入了解这些力量，以确保自身能够在激烈的市场竞争中立足。

最后，企业的目标和资源是选择细分市场的另一重要考量因素。企业需要确保其在选定的细分市场上能够最大限度地创造相对竞争优势，这就需要企业对自身的资源和能力有清晰的认识，以便在细分市场中制定出适合自己的战略。

在对细分市场进行全面的分析、评估后，企业就可以确定目标市场并制定相应的市场策略了。

三、经典案例：麦当劳的市场细分策略分析

麦当劳作为一家国际餐饮巨头，始创于20世纪50年代中期的美国。麦当劳的创始人敏锐捕捉到当时美国经济高速发展背景下，工薪阶层对于方便快捷饮食的迫切需求，并针对这个细分市场的特征，对产品进行了准确定位，从而获得了巨大的成功。截至2023年12月31日，麦当劳在全球共有4.18万间门店，2023年全年全球销售额为254.94亿美元。麦当劳已发展成为全球最大的餐饮集团之一。

回顾麦当劳的发展历程，我们会发现，麦当劳一直非常重视市场细分的重要性，而正是这一点让它取得令世人惊羡的巨大成功。麦当劳的成功源于其在地理细分、人口细分和心理细分上做足了功夫。它根据地理、人口和心理要素准确进行市场细分，并分别实施了相应的战略，从而达到了企业的营销目标。下面我们来具体看一下。

1. 地理要素

麦当劳在美国国内和国际市场上都有着丰富的业务布局，而无论是在美国还是在其他国家，消费者都拥有各自独特的饮食习惯和文化背景。为了更好地满足不同地区消费者的需求，麦当劳进行了准确的地理细分，以便因地制宜地开展经营活动。麦当劳每年都会投入大量资金进行严谨的市场调研，以深入了解各地消费者的喜好、文化习俗等。通过深入分析这些信息，麦当劳能够制定出符合当地生活方式的市场策略。这一过程使得麦当劳可以针对每个国家，甚至每一个地区制定适合当地市场的经营策略，让麦当劳在全球

范围内获得了较高的市场份额。

以中国市场为例，麦当劳在进入中国市场之初，大力传播美国的文化和生活理念，并以美国热销产品牛肉汉堡来吸引中国消费者。然而，麦当劳很快发现，中国消费者更喜欢，也更容易接受鸡肉产品。于是，麦当劳果断调整策略，推出了鸡肉产品。这一改变不仅使得全球范围内只销售牛肉产品的麦当劳开始销售鸡肉产品，还使得麦当劳在中国市场的业绩得到显著提升。

麦当劳的案例表明，地理细分在企业全球化战略中具有重要地位。通过深入了解各个国家和地区的文化特点和消费者需求，企业可以因地制宜开展经营活动，进而更好地满足各地消费者的需求，提升其市场份额。同时，地理细分也有助于企业在全球范围内实现产品和服务的多元化，进一步扩大业务范围。

2. 人口要素

人口要素有助于企业精准地把握消费者需求，提供更符合消费者需求的产品和服务。在人口细分中，年龄、性别、家庭人口、生命周期、收入、职业、受教育程度、宗教、种族、国籍等相关变量通常是重要的细分依据。通过这些变量，市场被划分为多个具有相似特征的消费者群体。然而，全球知名餐饮品牌麦当劳在人口细分上有着自己独特的见解。

麦当劳主要从年龄和生命周期两个方面对人口市场进行细分。其中，麦当劳将20岁以下人群划定为少年市场，将20～40岁的年轻人定为青年市场，将40岁以上人群归为年老者市场。

在划定人口市场后，麦当劳进一步分析不同人口市场的特征与定位，以便制定更精准的市场策略。比如，在以孩子为中心的某些麦当劳店铺，它会专门为小朋友设计一个“儿童乐园”区域，小朋友可以在那里玩滑滑梯等；麦当劳还会定期举行针对小朋友的活动，比如六一国际儿童节时，针对性地开发主题套餐和玩具。麦当劳中国在2024年六一国际儿童节推出的“麦麦对讲机”玩具成功赢得了孩子们的心，不仅如此，这个玩具还成了年轻人追捧的潮流单品。麦当劳不仅在产品上创新，还与艺术家Mr Doodle（涂鸦先生）合作，推出了一系列联名包装和主题活动。这些独特的设计和活动吸引了大量年轻人前来体验和打卡，成为社交媒体上的热门话题。

麦当劳的人口细分策略无疑是相当成功的，它精准捕捉了不同市场的特征与定位，并据此提供了贴合消费者需求的产品和服务。更为难得的是，麦当劳始终保持着敏锐的市场洞察力，不断调整和优化其市场策略，以适应瞬息万变的市场和消费者需求。

3. 心理要素

根据人们的生活方式进行划分，快餐业通常有两个潜在的细分市场：方便型市场和休闲型市场。麦当劳作为全球快餐业的领军企业，在这两个方面都做得非常出色。一方面，针对方便型市场，麦当劳提出了“59秒快速服务”的理念。这意味着从顾客开始点餐到拿着食品离开柜台的标准时间被严格控制在59秒之内，不得超过1分钟。这一举措旨在满足那些追求快捷、便利的消费者的需求，使他们能够在短时间内完成取餐过程，从而更好地应对快节奏的生活。另一方面，针对休闲型市场，麦当劳在餐厅店堂的布置上非常讲究。无论是色彩搭配、空间布局还是氛围营造，麦当劳都力求让顾客感受到舒适和自由。这样的环境布置使得顾客更愿意将麦当劳视为一个具有独特文化的休闲好去处，从而吸引更多休闲型市场的消费者。

麦当劳通过精准把握方便型和休闲型两个细分市场的需求，成功吸引了广泛的消费群体。这不仅体现了麦当劳对市场变化的敏锐洞察力，也展示了其对消费者心理需求的深入了解。

第三节　评估竞争格局，发掘市场机会

一、竞争格局评估

竞争格局评估是指对企业所处行业或市场中的各种竞争因素和关系进行系统分析和评估的过程。这种评估通过对市场、行业、企业内部和外部环境等方面的调查研究，可为企业提供相应的决策支持和战略规划。评估竞争格局的重要性在于能够帮助企业更好地应对行业变化、提升竞争优势、发现机遇和挑战，从而更加有效地制定战略方针，提高企业的竞争力。

在评估竞争格局时，需要运用多种方法和指标，以全面了解和评估不同方面的竞争状况。其中，市场结构、市场渗透率、市场份额、市场增长率、行业生命周期等指标是评估行业竞争格局的重要依据。此外，市场需求和供给、市场集中度、市场进入和退出壁垒、市场规模等因素也需要被纳入评估范畴。综合应用这些方法和指标，可以全面、准确地评估行业的竞争格局状况，为企业战略决策提供可靠的依据。

企业内部竞争格局评估是指对企业内部各个部门、团队之间的竞争关系和竞争条件进行全面研究和评价的过程。通过了解企业内部存在的主要竞争因素、资源配置、人才结构、沟通协作机制等，企业可以更好地优化内部资源配置和协同机制，促进内部各部门间的协调和合作。同时，企业内部竞争格局评估也可以帮助企业发现和解决内部可能存在的管理矛盾和利益冲突，从而提高整体竞争力和效率。

企业间竞争格局评估是指对企业与其竞争对手之间的竞争关系进行全面研究和评价的过程。通过了解企业与其竞争对手的市场份额、品牌影响力、产品差异化程度、成本竞争力、创新能力等因素，企业可以更好地制定市场定位和竞争策略。此外，企业间竞争格局评估也能帮助企业预测和应对激烈的市场竞争环境和对手的策略变化，从而有效推进企业的长期发展，提升业绩。

企业竞争格局的演变受多方面因素的影响，主要包括以下几个。

1. 经济发展水平

经济发展水平是塑造企业竞争格局的基石。随着经济的增长，居民收入和消费水平不断提高，这为企业提供了广阔的市场空间。同时，经济的繁荣也推动了销售手段的创新、服务机构的完善以及交通、通信技术的飞速发展，为企业竞争格局的演变提供了有力支撑。

2. 市场导向

在激烈竞争的市场环境中，企业需以满足消费者需求为核心，坚持市场导向。这种策略不仅有助于企业在商战中占据优势地位，更为企业的稳健经营和长期发展奠定了坚实基础。因此，企业需不断洞察市场动态，调整竞争策略，以适应竞争格局的不断变化。

3. 消费革命

消费行为和消费需求的演变是企业竞争格局变化的重要驱动力。随着消费者需求的多样化和个性化，企业需不断创新，推出符合新兴行业趋势、性价比高的产品或服务，以赢得消费者的青睐。这种趋势推动了企业间的差异化竞争，形成了各具特色的行业竞争格局。

4. 合作竞争与国际化市场

企业间的合作竞争源于国际化市场的形成。在当今时代，企业竞争已转变为集团与企业产业链之间的竞争，市场中鲜有单独某家企业能够长期维持自己的竞争优势。为此，各类企业需通过不同形式的合作，提升整体竞争力，并在竞争中脱颖而出。市场国际化趋势意味着资源在全球范围内得以配置和流动，外国企业通过寻求竞争优势进入我国市场，这是商业资本在国际范围内流动的直观体现。若无外国企业进入我国市场的竞争压力，国内企业的整合与重组步伐或将放缓，二者相互推动并彼此激发。竞争促使企业发生变革，主要体现在以下两个方面：一是不同企业之间的竞争推动了行业格局的整顿、改革以及新兴企业的崛起，二是企业内部的竞争也在一定程度上影响了企业的升级与迭代。

5. 政策导向

政府通过制定政策措施、运用经济手段和法律途径，对特定行业或业态进行引导、扶持或限制。这种政策导向有助于优化企业竞争格局，促进行业的健康发展。同时，优秀的政策还能有效缓解市场波动带来的负面影响，为企业提供良好的发展环境。因此，企业应密切关注政策动向，调整发展战略，以顺应政策导向，实现长远发展。

二、国内企业竞争格局评估

中国加入世界贸易组织后，国内的经济改革得以进一步深化。在此背景下，地方政府积极响应，加大了招商引资的力度，为国内外资本提供了更加广阔的市场空间。外资企业的持续涌入不仅推动了我国企业的快速发展，同时也加剧了市场竞争，使得企业发展面临更多不确定性。

新兴企业在外资企业的刺激下迅速崛起，与传统企业展开激烈竞争，重塑了市场格局。大型企业集团不断涌现，市场集中度逐渐提高，原有的市场结构变得更加紧凑。

改革开放40多年来，中国已成为全球经济发展速度最快的国家之一，中国企业也逐步走向世界舞台。外资的引进不仅提升了我国的消费水平，也有效地拉动了我国内需增长。资金的引进和国际新型业态的融入，促使我国企业结构持续优化和升级。

然而，我们也要清醒地看到，中国虽然已经成为企业大国，但距离企业强国还有一定的差距。中国企业的整体价值与国际大型企业相比仍有明显差距。尽管中国企业数量众多，但其中真正具备国际竞争力、在全球市场上占据重要地位的仍然较少。因此，中国企业在与跨国企业的竞争中往往处于不利地位。

面对这一挑战，中国企业必须寻找新的发展道路，加强自身能力建设，提高国际竞争力。如何在日益激烈的竞争中生存和发展下去，已成为每个中国企业必须面对和解决的问题。

近年来，我国企业在自主品牌建设方面付出了巨大努力，并取得了显著成果。然而，自主品牌生命周期较短的问题仍然存在，并成为制约企业持续发展的瓶颈。深入分析可以发现问题主要出在品牌管理上。

品牌意识是品牌建设的基础。然而，我国多数企业的品牌意识尚显薄弱，对品牌的理解停留在表面，未能将其与产品质量、企业形象、产品附加值等要素紧密结合。这种片面的理解导致企业过度依赖广告宣传，短期内虽能提升知名度，但长期而言，企业的实际利润却可能下滑。

除了品牌意识，产品质量对于企业品牌发展的重要性也是不容忽视的。产品质量不仅是企业品牌的支柱，更是品牌在市场中获得持续竞争优势的关键因素。产品质量涵盖了产品本身的质量以及产品所展现给消费者的质量两个方面，这两方面共同构成了品牌的核心价值。产品本身的质量是品牌信誉的基石。一个品牌能否在市场上立足，首先取决于其产品是否能够满足消费者的基本需求和期望。优质的产品能够确保消费者在使用过程中获得良好的体验，这种体验不仅能够赢得消费者的信任和忠诚，还能够促使消费者向他人推荐该品牌，形成口碑传播。产品所展现给消费者的质量同样重要。这包括产品的外观设计、功能性能、耐用性、安全性及售后服务等方面。一个优秀的品牌应该注重产品的每个细节，从设计到生产再到销售，都要确保产品能够给消费者带来卓越的使用体验。这种高品质的产品不仅能够提升消费者对品牌的满意度和忠诚度，还能够增强品牌的市场竞争力。

此外，企业缺乏品牌理念、创新制度及管理机制也是一大问题。一个企业的品牌理念是其最宝贵的财富，是企业品牌的灵魂。然而，我国许多企业在这方面仍显不足，未能形成独特且深入人心的品牌理念。同时，企业制度和管理机制的落后也限制了企业的创新能力，使得企业在市场竞争中处于不利地位。为了改变这一现状，企业需加大对品牌理念的塑造力度，使消费者对产品产生根本上的认可。同时，政府也应加强政策扶持，完善相关法律法规和税收制度，为企业发展创造更好的环境。只有这样，中国企业才能在激烈的国际竞争中立于不败之地，实现可持续发展。

三、企业如何找到市场机会

随着经济全球化的进一步发展和知识经济的到来，经济竞争将越来越激烈，而企业要在激烈的竞争当中取得优势，必须善于寻找、识别、选择和把握市场机会。

市场机会是经济活动中的宝贵资源，它源自尚未被满足的市场需求，为企业提供了明确的销售对象，并蕴藏着潜在的盈利空间。这些未被满足的需求随时可能涌现，并且随着时间、地点、政治环境、经济状况、技术进步、人口结构以及文化变迁等因素的演变而不断变化。根据这一特点，我们可以从如下几个方面寻找市场机会。

1. 从环境变化的趋势中寻找市场机会

企业经营所面对的一般环境包括政治环境、经济环境、自然环境、人口环境和文化环境，这些环境中的一个或多个发生变化时，往往会孕育出新的市场机会。例如，我国的高校扩招政策以及高等教育后勤服务的社会化，为房地产公司投资学生公寓领域创造了广阔的市场空间；国家开发西部地区的政策，带动了西部地区基础设施建设投资的繁荣；我国加入世界贸易组织后，劳动密集型、手工工艺产品的出口市场得到了显著的拓展；因特网和电子技术的飞速发展，为开发智能型信息家电提供了前所未有的机遇；随着我国经济的稳步发展、人民经济收入的增加和受教育程度的提高，人们对于生活品质以及人与自然环境和谐共生的追求愈发强烈，这为精神产品和健康环保型产品的开发带来了巨大的市场机会。

因此，企业应当建立高效的信息系统，从期刊、杂志、报纸、政府文件、在线数据库、竞争对手动态及用户反馈等多渠道收集信息，实时监测政治、经济、技术、文化及人口环境的变化趋势，准确辨别其中的市场机会，并制定相应的策略来把握和利用这些市场机会。通过这样的方式，企业可以更加敏锐地捕捉市场机会，从而在激烈的竞争中保持领先地位。

2. 在行业与行业之间的交叉结合部寻找边缘市场机会

企业在日常运营中往往专注于自身所在的行业，对行业内的发展动态和市场机会保持高度敏感。然而，行业与行业之间的交叉结合部往往蕴藏着被忽视的市场机会。随着技术的进步和市场环境的变化，行业间的界限逐渐模糊，为交叉领域的创新提供了广阔空间。

在这样的背景下，行业交叉结合部所呈现的市场机会日益增多。例如，医药与食品行业的结合催生了保健食品市场的蓬勃发展；计算机与通信行业的融合则孕育了物联网、人工智能和虚拟现实等全新行业和领域，成为现代经济的重要增长点。

因此，企业应当打破传统思维，关注行业间的交叉融合趋势，善于在交叉结合部寻找市场机会。通过跨界合作和创新，企业可以开拓新的市场空间，实现持续增长。

3. 从竞争对手处寻找市场机会

领先的竞争者通常在技术、经济和管理方面具备显著优势，能够敏锐地捕捉到环境变化趋势，并从中发掘市场机会，从而成为市场的领军者。对于实力强大的竞争对手，企业可以采取两种不同的策略：一种是通过深入分析竞争对手的市场行为，采取追随策略，利用竞争对手的成功经验降低自身的市场风险；另一种则是进一步细分竞争对手已开拓的市场，寻找那些被忽视或尚未有足够资源投入的细分市场，从而发现新的市场机会。

对于与自己实力相当的竞争对手，企业更应深入分析其优势与劣势。通过仔细评估竞争对手的产品、服务、技术、市场策略等方面，找出其存在的不足之处。这些不足之处往往就是企业自身的市场机会所在。通过针对性地优化自身的产品和服务，企业可以在竞争中获得优势。

为了更全面地了解竞争对手，企业需要收集有关竞争对手的包括技术、产品、售后服务、顾客反馈、市场份额、财务状况等多方面的情报。这些情报可以从竞争对手的广告、推销材料、年度报告、用户评价以及分销商等渠道和政府文件中获取。通过系统地收集和分析这些信息，企业可以更加准确地把握市场动态，为制定有效的市场策略提供有力支持。

四、企业如何评估和选择市场机会

1. 评估市场机会

在纷繁复杂的市场环境中，识别市场机会是企业成功的关键。然而，市场机会并非都是等价的，它们的大小、质量各不相同，且往往伴随着风险。因此，对市场机会进行精准识别和深度价值分析显得尤为重要。

一方面，我们需要评估市场机会的吸引力。吸引力反映了市场机会的发展潜力和盈利能力。具体来说，它取决于市场需求规模和利润率的综合表现。当市场需求规模庞大、利润率较高时，市场机会的吸引力就相应增大；反之，吸引力则会降低。

另一方面，市场机会的可行性也是不可忽视的因素。它指的是市场机会与企业内部条件和外部环境的匹配程度。内部条件主要包括企业的经营目标、资本实力、产品差异化程度和内部协调能力；外部环境则涉及现有竞争者、潜在竞争者的进入威胁以及国家政策和法律法规的影响。如果一个市场机会与国家政策相悖或与企业的经营目标相去甚远，那么这个市场机会就不具备可行性。

在评估市场机会时，我们需要综合考虑吸引力和可行性。既具有吸引力又具备可行性的市场机会，才值得企业投入资源进行开发，这样的市场机会才更有可能转化为企业的竞争优势和经济效益。

我们可以将市场机会的吸引力和可行性形成一个分析矩阵（图1–3），这样企业可以更加清晰地了解不同类型的市场机会，并根据自身的实际情况选择最适合自己的市场机会进行投入和发展。

Ⅰ（潜力机会）：这些机会虽然具有较大的吸引力，但由于可行性较低，实现起来可能较为困难。因此，虽然它们的价值不容忽视，但企业不应将主要精力放在这些机会上。然而，企业仍应关注内外部环境的变化，并做好准备，以便在条件成熟时能够迅速抓住这些机会。

Ⅱ（低价值机会）：这些机会在吸引力和可行性方面都较低，通常没有太大的价值。然而，企业仍应留意这些机会向其他类型机会转化的可能性。

Ⅲ（双高机会）：这种机会具有高度的吸引力和可行性。它代表着巨大的市场潜力和相对容易的实现途径。对于任何企业来说，这都是值得投入大量资源和精力去把握的机会。然而，这些机会通常比较稀缺且不稳定，因此需要企业及时、准确地发现和把握。

Ⅳ（低风险机会）：尽管这些机会的吸引力相对较小，但它们具有较高的可行性，意味着风险较低。对于稳定型或实力较弱的企业来说，这可能是一个相对安全的选择。然而，这些机会通常带来的收益也相对较低，因此需要企业关注利润率的变化，并留意它们向其他类型机会转化的可能性。

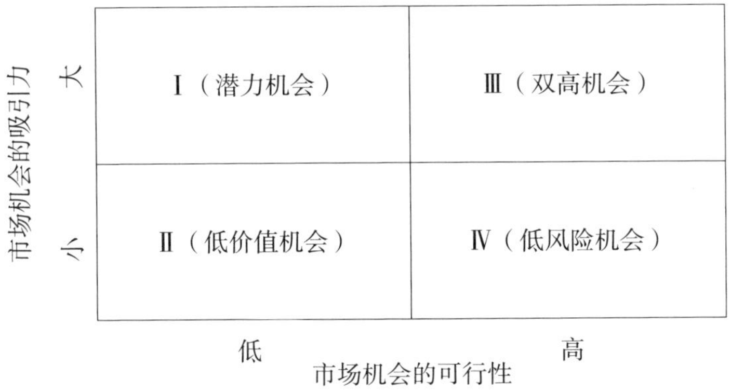

图1-3 市场机会分析矩阵

2. 选择市场机会

在深入评估市场机会后，企业在做出选择时，应重点考虑以下几个关键因素。

（1）企业经营方向与策略。

当市场机会与企业当前的经营方向相符，且通过企业内部努力能够改善其他潜在影响因素，使之转向具有“高吸引力”和“高可行性”的市场机会时，企业应优先考虑。特别是当市场机会与新产品相关时，企业需结合其竞争策略来选择。若企业拥有强大的科技实力和充足的资金，可采取领先策略，率先推出创新产品，以技术领先获取市场优势。若企业在此方面稍逊一筹，可采取追随策略，选择市场容量大、前景广阔的产品进行开发，通过快速生产和销售弥补时间上的不足。

（2）企业核心竞争力。

企业在长期竞争中形成的核心竞争力是其独特的优势。因此，在选择市场机会时，企业应优先考虑能够发挥其核心竞争力的领域，特别是进行多元化经营时，更应注重核心竞争力的辐射效应，避免盲目涉足不熟悉的领域。

（3）市场获利能力。

企业选择市场机会的最终目的是实现利润增长。因此，企业在评估市场机会时，必须科学、客观地估算其获利能力。这包括考虑产品的全生命周期成本，如开发、生产和销售费用等。对于当前获利能力较低的市场机会，企业也不应轻易放弃，而应持续监测其变化，因为随着技术、经济或政治环境的变化，这些机会有可能转化为获利能力高的市场机会。

总之，市场机会虽多，但符合企业特定需求和市场条件的却有限。企业应先精准识别和评估市场机会，然后结合自身的优势和市场环境，选择最适合自己的市场机会，以实现持续稳定的发展。

第二章

02

规划融资上市路径

第一节　企业估值与融资需求分析

一、企业估值

企业估值，即企业在某一特定时刻的价值预测，是投资者、资产交易双方及财务专家制定决策的核心依据。其作用在于帮助投资者了解一家企业当前市场价值、未来增长潜力、资产配置和风险管理等方面的情况。通过企业估值，投资者可以更准确地评估企业的投资价值，从而为投资决策提供支撑。除此之外，企业估值也是企业内部策略制定和管理的关键参考，可以为企业在发展规划、股权激励、并购重组等多个层面提供决策支持。

1. 国内企业价值评估实践

财富的积累主要靠储蓄与投资。随着中国经济持续增长和民众储蓄能力显著提高，无论是企业还是普通民众，对投资的热情与投入规模均呈现出显著增长的趋势。尽管投资规模和影响力在专业投资者与普通投资者间有所差异，但其背后的动机却是共通的：追求经济回报。不论是数十亿美元的大手笔项目，还是股市中数万元的小额投资，其本质都是寻求财富的增值。然而，投资之路并非坦途，它总是伴随着收益与风险这对孪生兄弟。无论投资何处、投资何种领域，我们都需深刻认识到，收益与风险总是如影随形，相互依存。

随着人类对自然、经济等领域内在规律认知的逐步深化，市场经济体制历经百年发展，投资规律的探索与研究也取得显著进步。在这一过程中，人们构建了完善的投资价值评估体系，深入研究和探索了多种企业价值评估方法，这些方法在市场环境中展现出广泛的适用性。作为新兴市场经济体，中国投资活动规模日益扩大、复杂性不断提升，因此适时引入国际成熟的企业价值评估方法显得尤为必要。

尽管某些专业投资管理机构已经开始采用一些国际上成熟的方法对企业进行价值评估，但由于缺乏对这些评估方法背后的理念和原理的深入理解，误用现象时有发生。目前，这些评估方法在中国的应用存在两个极端：一是某些方法被过度神秘化，似乎只有特定专家才能掌握；二是某些方法被滥用，似乎适用于所有情境。这两种情况都不利于这些评估方法在中国的普及和应用。实际上，每种评估方法都有其特定的适用范围和使用条件，既非高深莫测，也非随意可行。

企业价值评估方法是投资分析人员进行投资决策的基础和工具。随着中国资本市场的不断成熟和开放，投资语言的一致性对于投资分析人员的国内沟通和国际交流都至关重要。全球范围内，投资价值的理解和应用准则应基于统一的方法论。因此，我们需要深化对企业价值评估方法的理解，确保它们被正确应用，以促进中国资本市场的健康发展。

企业价值评估方法的核心在于对投资收益与投资风险的量化和对比，从而明确投资价值及其主要影响因素，为投资决策提供指导。在实际投资决策过程中，投资者始终在寻求收益与风险之间的平衡点。水电投资等收益稳定且风险较小的项目，即便回报水平相对较低，亦能吸引众多投资者。当投资者涉足制造业等风险较高的行业时，对回报的要求亦会相应提升。因此，高收益并不等同于高价值，关键在于收益与风险之间的平衡。无论采用哪种评估方法，其本质均涵盖对未来收益的预测和对所面临风险的评估，这是正确理解企业价值评估方法的基础。

无论是潜在收益还是潜在风险，均属于未来的不确定性因素，对于未来的预测，任何人都不具备预知能力。因此，尽管企业价值评估方法常常以复杂的数学模型为表现形式，但其本质仍属于预测。在这些复杂的数学模型背后，是分析人员根据影响企业价值的多种参数做出的主观判断。即使是使用相同的方法对同一项投资进行评估，不同的人也可能得出不同的价值判断；而且同一个人在不同的环境下对同一项投资的判断也可能有所变化。因此，无论价值评估以何种客观的形式展现，其结论本质上都是主观的。正确的评估方法只是进行合理价值判断的基础，并非全部。企业价值评估方法只能作为我们评估企业投资价值的工具，而方法本身并不能完全取代我们的主观判断，成为我们投资决策的全部依据。

企业价值评估方法的重要性不仅在于它能够将各种假设汇集成一个可评估的价值预估，更在于它为投资的深入分析提供了关键手段。完整而严谨的价值评估使我们能够洞察投资的真正价值所在，明确推动价值增长的核心要素，以及识别哪些变量的变化将进一步提升投资价值。在企业决策中，无论是关于债务比例的增减、运营重点的设定、多元化战略的选择，还是资产处置与设备更新的决策，均没有绝对的正确答案。决策正确与否，往往取决于通过价值评估方法得出的价值分析结果。值得注意的是，估值结论会随着假设的变动而不断调整，因此，相比结论本身，运用这种方法的分析过程更为关键。正是这一过程，让我们能够洞察投资的本质，深入理解投资创造价值的深层逻辑。

2. 企业价值评估的具体方法

经过长期的投资实践，人们已经形成多种企业价值评估方法，每种都有其独特的适用场景和投资逻辑。比如广为人知的PE（市盈率）法，它基于市盈率来估算公司价值，简单、直观，但需考虑盈利稳定性和行业特性。而在国内尚未普及的EV/EBITDA（企业价值倍数）法和PEG（市盈率相对盈利增长比率）法，则分别从投资资本和企业增长潜力的角度评估价值，为投资者提供了更全面的视角。

此外，还有基于严谨金融理论的DCF（现金流折现）法，它通过预测未来现金流并考虑时间价值来确定公司价值，适用于有稳定现金流的企业。同时，实践中也有一些简便方法用于快速估算，但可能牺牲了一定的准确性。

这些价值评估方法并无绝对优劣之分，它们的产生和应用都源于特定的投资思维。不同的思维方式决定了这些方法的适用条件、适用范围、局限性以及对估值结论的解读和应用。因此，要合理运用这些价值评估方法，首要任务是深入理解其背后的投资逻辑和思维方式。

基于思维方式的不同，这些价值评估方法大致可分为四类：可比法、现金流量贴现法、行业粗算法和账面值法。其中，可比法可能是大家最熟悉和最常用的一类价值评估方法，也称相对估价法。正如其名称所揭示的那样，可比法最基本的投资思维是寻找参照物，即那些与目标投资者具有相似业务特征、市场环境或成长潜力的可比公司。通过这些可比公司的市场价格水平，目标投资者能够初步判断目标投资应处的价格区间。运用可比法的关键在于确定目标投资与参照物之间的比对关系。这种比对关系通常通过价格与核心要素的比例来体现，比如市盈率、市净率等。不同可比法的主要区别在于其对核心要素的选择，这些核心要素可能包括盈利能力、资产质量、增长前景等。

以PE法为例，其背后的核心假设是预期净利润是股票价格的主要驱动因素。基于这一假设，我们引入了PE的概念，即股票价格与预期净利润之间的比例。在PE法的应用中，我们假定类似的公司应具有相近的PE水平，这为我们提供了一个相对估值的基准。比如，当分析员运用PE法评估平顶山天安煤业股份有限公司（简称“平煤股份”）的股票价值时，他们首先会寻找与平煤股份在质地、业务特征等方面相似的投资标的作为参照物。通过仔细对比行业类别、企业规模、煤炭储量等一系列关键指标，分析员确定了西山煤电（集团）有限责任公司（简称“西山煤电”）和山西国阳新能股份有限公司（简称“国阳新能”）作为平煤股份的价值参照。这意味着，在PE法的框架下，平煤股份应被赋予与西山煤电和国阳新能相近的估值水平。接下来，分析员会参考这两家公司的PE水平，以此来确定平煤股份的合理PE倍数。一旦确定了PE倍数，他们便可以将这个倍数与平煤股份预测的下一年净利润相乘，从而计算出对平煤股份股权的估值结果。

与可比法相比，现金流量贴现法则是基于更为深厚的金融理论，其应用过程也比可比法要复杂很多。这种方法的核心投资思维在于直接估算投资的未来收益与风险水平，并通过二者之间的权衡来判定投资价值。在这一过程中，自由现金流量成为衡量公司未来收益水平的关键指标，而贴现率则是对投资潜在风险水平的精准反映。具体而言，现金流量贴现法将投资存续期间的所有预期收益，按照风险水平进行折算，从而得出该项投资在当前时点的投资价值。这类方法严格遵循了价值评估的基本理念，即投资的价值应基于其未来现金流预测和风险调整后的现值。因此，现金流量贴现法被视为理论上最严密、最符合价值投资逻辑的价值评估方法。

现金流贴现概念直观且计算相对直接。例如，若某公司预计在第五年能产生100万元的公司自由现金流量，且评估该现金流的潜在风险水平为10%，那么这部分未来收益对公司当前价值的贡献即为这100万元按照10%的年利率贴现5年后的价值，计算得出约为62万元。然而，现金流量贴现法的核心并不仅仅在于计算本身，更重要的是对自由现金流量及贴现率的深入考查。这两个关键参数的计算过程，实际上是对投资产生收益的内在逻辑以及潜在风险的全面理解和分析。自由现金流量的预测需要综合考虑公司的经营模式、市场环境、竞争优势等多个因素，而贴现率的确定则需要对公司的风险状况、行业趋势、宏观经济环境等进行深入评估。

除了可比法和现金流量贴现法，行业粗算法和账面值法在某些特殊情况下也能发挥重要作用。

在投资银行领域，当人们需要在最短的时间内对某项投资的价值区间做出一个粗略估计的时候，经常用到的方法就是行业粗算法。行业粗算法是基于行业平均水平或特定指标对企业价值进行快速估算的方法，适用于对估值精度要求不高的场景。例如，对火力发电企业来说，装机容量一般标志着企业的规模和收入水平，因此人们通常使用这一指标对该行业内企业的价值进行粗算。假设行业内普遍认可的价格与装机容量的比例是4500元/千瓦，那么一个装机容量为10万千瓦的电厂其估值应该在4.5亿元左右。互联网行业通常用点击率估算企业价值，石油行业则以储量估算企业价值。行业粗算法的核心逻辑是行业中具有一个压倒一切的价值决定要素，该要素能基本确定该投资的价值区间，这样的投资思维也决定了这种方法只适用于简单的初步计算。

账面值法的核心是以资产的账面价值为价格参照。一般来说，账面价值通常是基于资产的历史成本，减去按历史成本折算的损耗后得出的。尽管在国有资产体系中，账面值法仍作为通行的标准使用，但其适用范围在实际估值实践中相当有限。这主要是因为资产的价值并不取决于其历史成本，而是由未来的收益潜力决定。因此，在多数估值场景中，账面值法难以准确反映资产的真实价值。它更多是在其他价值评估方法失效或不可行的情况下被采用，或者作为其他价值评估方法结果的一个辅助参照指标。

二、企业融资需求分析

无论是初创企业还是成熟企业，在不同的发展阶段都可能遇到资金短缺问题，从而产生融资需求。

融资需求的类型多种多样，主要包括资金周转需求、长期投资需求和特定目的的融资需求。资金周转需求是企业日常经营活动不可或缺的流动资金需求，长期投资需求聚焦企业的资本扩张和大型项目投资，而特定目的的融资需求则是针对某一特定目的而产生的资金需求。

企业融资需求分析的关键指标主要涵盖财务指标和市场指标两大方面。一方面，在财务指标上，资产负债率、流动比率、速动比率以及偿债能力比率等核心指标扮演着至关重要的角色。这些指标不仅能够客观反映企业的偿债能力、盈利能力和资金状况，还有助于我们准确判断融资需求的紧急程度和融资规模。例如，资产负债率直接体现了企业的债务负担情况，进而影响融资决策；而流动比率和速动比率的高低则能够揭示企业短期偿债能力的强弱，为短期融资需求提供重要参考。

另一方面，市场指标在企业融资需求分析中同样不可或缺。企业在特定市场环境下的市场地位、行业前景、竞争状况等因素，都会对融资需求的形成和发展产生深远影响。例如，一个处于行业领先地位、市场前景广阔的企业，其融资需求可能会更加旺盛；而一个处于竞争白热化、达到饱和状态的行业中的企业，则可能需要更加审慎地考虑融资规模和成本，确保资金使用的有效性和风险的可控性。

在进行企业融资需求分析时，我们还需要综合运用定性分析和定量分析的方法。定性分析主要通过对企业内外部情况、市场环境和行业趋势等进行综合评价，揭示企业融资需求的潜在特点和可能的影响因素；而定量分析则借助财务分析、成本效益分析和风险评估等工具，以数据化的方式精确计算融资规模和影响，为融资决策提供有力支持。在这一过程中，财务比率分析、现金流量分析、成本收益分析等工具发挥着关键作用。它们能够帮助企业全面、深入地理解自身的融资需求情况，从而为制定合理的融资策略提供重要依据。

三、企业融资过程中的关注要点

企业在融资过程中需要综合考虑多个要点，包括融资额度及股权出让比例、是否引入对赌机制、是否发放期权等，以确保融资过程的顺利进行并实现企业的融资目标。企业融资的整体流程见图2-1。

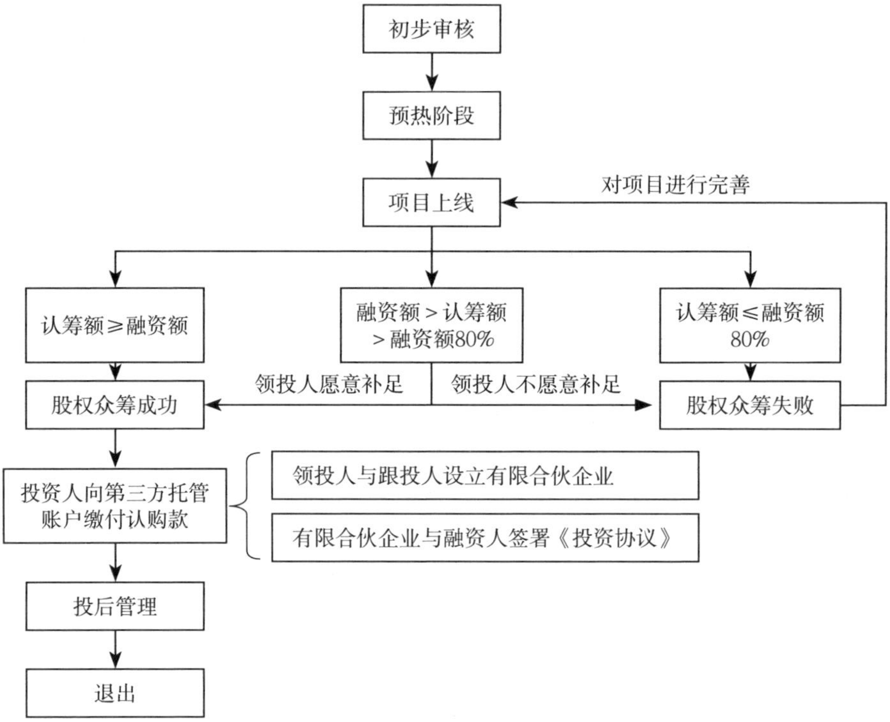

图2-1　企业融资流程

1. 融资额度及股权出让比例

在探讨企业融资问题时，首要且核心的任务是确定融资额度和相应的股权出让比例。以具体数值为例，若企业面临1000万元的资金需求，同时当前企业估值为4000万元，那么出让20%的股权作为融资的对价，从数值上看是一个相对合理的选择。这一决策旨在平衡资金需求与股权结构的稳定性，确保企业在获得所需资金的同时，不过度稀释原有股东的权益。

2. 是否引入对赌机制

董事会和股东们需进一步探讨是否引入对赌机制来提升融资过程中的议价能力。对赌机制通常涉及融资方与投资者之间的业绩承诺和奖惩条款，有助于企业在融资谈判中为自身争取更有利的条件。然而，这一机制也伴随着较高的风险，因此需要谨慎评估其利弊得失。

3. 是否发放期权

是否发放期权也是融资决策中需要考虑的一环。期权作为激励机制在企业管理中占据重要地位，在激发团队积极性和创造力方面效果显著。特别是在企业发展的早期阶段，期权的发放可以激励员工更积极地参与企业运营，但实施期权计划可能会稀释股权，也可能导致未来股权结构的复杂化。因此，在决定是否发放期权前，应充分考虑企业的实际情况和员工的期望。

4. 指定一名专门的融资代表

为了避免给外界留下企业专注于筹集资金的印象，建议指定一名专门的融资代表负责与外部投资者进行沟通和谈判。这样可以确保融资活动的专业性和高效性，同时避免员工过度参与导致产生负面影响。

5. 评估是否聘请财务顾问

同时，企业亦应评估是否聘请财务顾问。财务顾问作为专业人士，不仅能给企业提供如融资注意事项、风险控制等方面的专业建议，还能在与投资人谈判时代表企业发声。尽管在谈判过程中，他们可能在某些条款上会偏向投资人，但他们的参与对融资的成功起到关键作用。

值得注意的是，当财务顾问对公司前景持乐观态度时，他们可能会提出投资请求。面对这种情况，企业应保持谨慎。因为一旦财务顾问与公司之间存在利益纠葛，其决策的公正性就可能受到质疑。因此，对于财务顾问提出的投资请求，企业应进行全面、深入的评估，确保不会因盲目接受而损害公司的长远利益。

6. 投资商的选择要点

以往，企业为寻求投资，常常不得不派出人员亲身参与各类互联网投资大会，广泛分发名片及商业计划书。然而，随着时代的变迁，这种做法的有效性已大为降低。如今的中国，投资商群体日益壮大，各类投资咨询公司以及专注于早期投资或特定行业投资的机构层出不穷。

以沙盘模拟为例，假设有200家投资商参与。首先，我们应将焦点放在品牌价值上，即评估投资商的投资是否能提升我们品牌的价值。根据这一标准，筛选出符合我们期望的投资商。

接下来，我们需深入评估战略价值，这主要涉及投资商所处的行业领域。例如，有的投资商在电子商务领域有着深厚的布局，有的投资商擅长的领域则是云计算或移动互联网等。战略价值的评估不仅要考虑投资商自身的资源，还需关注其投资组合中的其他公司，这些公司有可能成为我们未来的合作伙伴，为我们带来额外价值。假设我们专注于广告业务，投资商已投资多家媒体公司，那么这将为我们的合作带来重要的战略意义。完成战略价值的评估后，我们就可以进一步筛选出适合我们的投资商。

最后，我们要进行竞争分析。我们的商业计划书可能会落入竞争对手之手，导致投资商转而选择投资他们而非我们。因此，我们需要对投资商进行竞争分析，排除那些已经投资我们竞争对手的投资商。

通过上述三个步骤的筛选与分析，我们可以锁定30～40家具有潜力的投资商作为我们的目标对象。这样的筛选过程不仅提高了融资的精准度，也降低了与竞争对手发生冲突的风险。

接下来，基于丰富的经验和策略考量，我们实施AB分类策略：从目标对象中精心挑选出5～10家最具影响力的投资商，将其归为A类，将余下的投资商归入B类。

完成分类后，我们应避免直接与A类投资商接触，而是将初步交流的重心放在B类投资商上。在与B类投资商沟通时，他们可能会频繁打断并提出问题，这正是商业计划书（BP）不断优化的关键阶段。与投资商的每一次接触，都是对BP的一次迭代和完善。通过与不同投资商的交流，我们的团队将逐渐变得更加成熟和专业。

值得注意的是，尽管B类投资商可能并非我们未来的直接投资者，但他们在整个融资过程中起到了重要的磨砺和锻炼作用。他们的反馈和建议有助于我们不断完善BP，使其更加符合市场需求和投资人的期望。

此外，B类投资商还可以协助我们调整融资框架和估值策略。他们的专业意见和视角有助于我们更加准确地把握市场脉搏，拟定更加合理的融资计划和估值方案。

7. 企业融资过程中的时机把握

在融资过程中，时机把握是至关重要的。当启动融资时，我们通常会收到多份融资意向书。在与潜在投资商深入交流的过程中，选择合适的时机成为决定性的因素。那么，如何把握最佳时机呢？

设想我们现在有4家机构作为重点接触对象。通过细致的观察和调查，我们会发现每家机构的决策速度各不相同。有的机构决策迅速，可能一周内就能出具融资意向书；有的机构决策速度适中；而有的机构决策速度慢，可能需要一个半月的时间做出决策。

面对这种情况，我们应该如何合理安排与这些机构的接触顺序呢？答案是，我们应当首先接触决策速度最慢的那家机构。随后，我们与两家决策速度中等的机构进行接触。最后，我们与决策速度最快的机构展开交流。

这样的安排是何原因呢？原因在于，融资意向书通常设有一个有效期，而这个有效期往往只有一到两周。如果我们首先接触决策速度快的机构，可能在他们迅速出具融资意向书后，其他机构还未做出决策，这就可能导致我们错失更多选择的机会。相反，通过先接触决策速度慢的机构，我们可以在融资意向书有效期内尽可能多地收集融资意向书。

这样一来，我们就能够在多个方案中挑选出最合适的，避免融资进程失控。这样的策略不仅提高了我们融资成功的概率，也为我们提供了更多的谈判筹码和回旋余地。

因此，在融资过程中，我们必须高度重视时机的把握。通过深入了解潜在投资者的决策速度和融资意向书的有效期，我们能够更加稳健、理性地推进融资进程，确保最终取得满意的成果。这不仅需要我们的耐心和智慧，更需要我们对市场的敏锐洞察力和对融资流程的深刻理解。

8. 尽职调查阶段的关注要点

在融资过程中，尽职调查阶段具有举足轻重的地位，它标志着项目已正式进入风险较高的阶段。这一阶段通常耗时1～2个月，投资者会对企业的业务、财务和法务进行全面而深入的审查。为确保调查顺利进行，企业在此期间应避免与其他投资商接触或签署协议，以免产生不必要的法律风险。

在尽职调查阶段，企业应高度重视业务层面的审查。这是因为，尽管法务和财务方面的不规范在初创企业中较为常见，但业务层面的问题往往更可能对企业的未来发展产生深远影响。因此，在签署投资协议前，企业应要求投资者优先开展业务调查，并认真评估调查结果。一旦发现业务层面存在严重问题，企业应慎重考虑是否继续推进合作。

为降低尽职调查阶段的风险，企业可采取一系列策略。首先，企业应优先关注并处理可能出现变化的因素，如市场环境、竞争格局等，以便及时调整经营策略。其次，企业可考虑在签约前向投资商申请过桥贷款，以应对尽职调查阶段的资金需求。例如，企业可向投资商申请100万～200万元的过桥贷款，以确保业务运营不受影响。最后，在A轮和B轮融资的合作伙伴遴选过程中，企业应优先考虑国内顶级的律师事务所。尽管这些律师事务所的收费可能相对较高，但他们的专业能力和丰富经验将为企业在融资过程中提供有力的法律支持。例如，顶级律师事务所能够协助企业在与投资人讨论详细法律条款时，确保自身权益得到充分保障，避免潜在的法律风险。

此外，企业还需认识到，在资金到账之前，整个融资过程仍存在诸多变数。因此，企业应在尽职调查阶段就与法律专业人士紧密合作，确保所有条款的明确性和可执行性。这有助于降低潜在风险，确保企业在获得投资后能够顺利推进业务发展。

总之，尽职调查阶段是融资过程中风险较高的环节，企业需要高度重视并采取有效措施降低风险。通过深入且细致的业务调查、申请过桥贷款、选择顶级律师事务所等方式，企业可以更为稳健地推进融资进程，确保投资双方的权益得到保障。

9. 其他需要关注的要点

企业应确保对董事会的掌控力，在董事会中保持核心影响力。同时，务必警惕一致行动条款，它赋予小比例股权的投资商在特定情况下强制出售公司的权利。这一条款通常设定了公司估值的触发点，一旦超过，企业需按投资商意愿执行。此外，清算优先权条款同样需引起创业者注意。它要求企业进行清算时，投资商享有优先权，特别是在股权变动超过一定比例（如20%）时，这在国外尤为常见。这意味着在企业价值增长后，企业实际收益可能减少。因此，企业需谨慎权衡这些条款的利弊。

第二节　企业选址及上市地点的选择

一、企业选址应考虑哪些因素

企业选址也称设施选址，指的是运用科学方法确定设施的地理位置，使其与企业整体营运系统实现有机结合，从而高效、经济地达成企业的经营目标。企业选址需求通常源于投资新办、增设分厂、扩大产能、战略性搬迁政策引导等因素。那么，企业在选址过程中，需要考虑哪些具体的因素呢？

企业选址是一个综合性的决策过程，主要受到成本、市场、政府以及企业所处行业价值链环节等多方面的因素影响。

1. 成本因素

成本因素是企业选址时不可忽视的关键考量。生产成本、运输成本及交易成本等方面的综合考量直接关乎企业的成本效益和投资意愿。不同产业对成本的侧重点各异，如钢铁业和光伏产业对原料成本的敏感性较高，因此选址时更倾向于原料供应地附近；而劳动密集型制造业选址时则更看重劳动力资源丰富、工资水平低且综合运输成本低的地区。

2. 市场因素

市场因素也是选址决策中不可忽视的一部分。对于售后服务要求高、时效性强的产业，以及运输成本占比较大的产业，如仓储物流业，其选址决策需以市场需求为导向，结合交通便捷程度等因素进行建模分析。市场需求作为确定市场供应量的关键前提，直接引导企业资金的流向，从而影响选址决策。以光伏产业为例，市场需求和硅料成本直接影响企业的销售市场和盈利状况。

3. 政府因素

在选址决策中，政府因素也不容忽视。一些跨国企业在全球布局时，会考虑政府政策对贸易的影响，如设厂以应对进出口限制，比如时下许多汽车、汽车零件和消费电子产品类企业多在美国和欧洲设厂，就是为了应对欧美国家对进出口产品设限的问题。此外，政府的服务效率、透明程度以及产业政策的导向和限制等因素，也会对产业的区域发展环境产生深远影响。

4. 企业所处行业价值链环节因素

企业所处行业价值链的环节不同（图2-2），其选址侧重点也会有所差异。总部基地、研发中心更看重政府因素，包括政府服务水平、政策导向、投资环境等，布局上偏好聚集在大城市或新兴城市；处于生产作业环节的制造型企业更关注成本因素，如土地、能源、劳动力等资源是否能够容易以较低的成本获取；而市场管理及售后服务环节的企业，则更侧重于市场因素，如区域内消费水平、市场潜力、同业竞争状况等，以提升服务效率，更快响应市

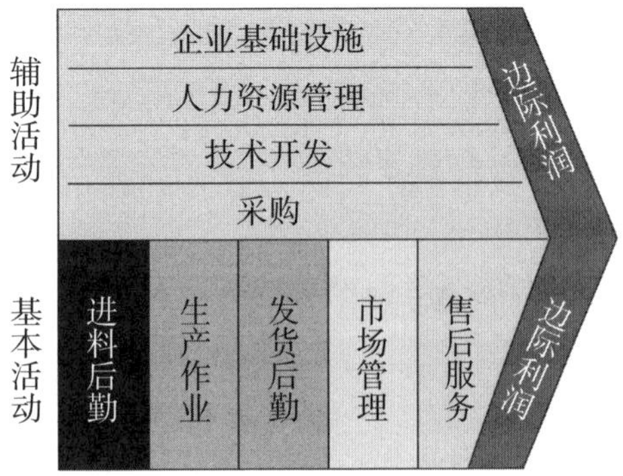

图2-2 行业价值链的不同环节

场需求的变化。

值得注意的是，由于上述多种因素的交织影响，一些产业集群应运而生并持续发展。这些集群为企业提供了考察对象，显著减少了企业选址决策所需的时间和成本。企业集聚发展不仅有助于降低运输费用和交易成本，还促进了企业间的专业化分工与紧密协作，进而实现规模经济和范围经济。此外，产业集群还加速了隐性知识和行业资讯的流通，为集群的升级发展注入了新动力。集群品牌和区域品牌的建立，以及专业市场的有效运营，进一步提升了集群的吸引力。因此，这个内生发展的产业集群能够从市场和成本双重角度再次吸引更多企业慕名而来，形成良性循环。

二、企业如何选择上市地点

选择合适的上市地点对于企业来说至关重要，直接关系到企业的融资效果、市场认可度、品牌形象、国际化战略以及上市成本和时间。企业在选择上市地点时，需要综合考虑多种因素，以确保选择的上市地点能够最大限度地满足企业的战略需求和市场期望。以下是一些主要需要考虑的因素。

1. 市场规模与交易流动性

上市地点的市场规模和交易流动性对于企业成功上市至关重要。大规模的市场通常意味着更高的知名度和更多的投资机会，有助于企业筹集更多的资金。同时，良好的交易流动性可以保证股票的顺利买卖，有助于企业股价的稳定。

2. 估值水平

不同市场的估值水平可能有所不同，这会影响企业上市后的市值和融资能力。比如，对于成长性高的新兴企业，美国市场往往能给予更高的估值，从而助力企业筹集更多的资金以支持其快速发展。

3. 上市条件和监管环境

各地的上市条件和监管环境各有特色，企业需要根据自身的经营情况和合规需求进行选择。上市条件包括财务要求、公司治理结构、信息披露等，而监管环境则涉及监管政策、执法力度等方面。

境外交易所如美国纽约证券交易所（简称“纽交所”）和美国全国证券交易商协会自动报价表（简称“纳斯达克”），以披露原则为导向，通常要求相对宽松，而香港交易及结算所有限公司（简称“港交所”）的上市要求则更为严格和烦琐。对于初创企业而言，这些交易所往往展现出较高的包容性和接受度，这也是众多企业选择赴美或赴港上市的关键原因。目前，港交所正积极推行上市制度改革，进一步吸引了更多企业在此挂牌上市。

4. 投资者结构

投资者结构的不同会影响市场对企业股票的接受程度。例如，机构投资者占比高的市场可能更注重企业的长期价值，而个人投资者占比高的市场可能更关注短期收益。因此，企业需要了解目标市场的投资者结构，以便制定合适的投资策略。

5. 法律法规

不同国家和地区的法律法规对上市企业的要求可能不同，企业需要仔细研究并遵守当地的法律法规，以确保上市过程的合规性。

6. 费用和时间成本

上市过程涉及的费用和时间成本也是企业需要考虑的因素。不同市场的上市费用和时间成本可能有所差异，企业需要综合考虑这些因素，选择性价比更高的上市地点。通常而言，境外上市的时间周期相对较短，大约在6～9个月。相比之下，境内上市过程则更为烦琐，涉及改制、辅导、审批及排队上市等多个环节，这不仅增加了上市时间的不确定性，还可能因流程的复杂性导致总体费用的上升。尽管国内中介机构的收费水平相对较低，但境内上市的复杂性和时间成本仍需企业慎重考虑。

7. 业务发展需求

企业在选择上市地点时，其业务发展需求也是一个至关重要的考量因素。不同的资本市场可能对某些行业或类型的企业有更多的偏好和支持，例如，科创板倾向于支持科技创新型企业，而创业板则更适合成长型中小企业。企业应评估其业务模式、行业特点、技术优势及未来发展战略，以确定哪个市场更能理解其价值并提供更好的融资机会和成长环境，确保上市地点的选择能够最大程度地支持其业务发展。

三、经典案例：阿里巴巴选址及上市地点分析

阿里巴巴集团控股有限公司（简称“阿里巴巴”）是以曾担任英语教师的马云为首的 18 人于 1999 年在杭州创立的，之后在中国香港和美国纽约上市。阿里巴巴先是于2014年9月19日在美国的纽交所上市，然后于2019年11月26日在中国的港交所主板上市。

下面我们来分析一下阿里巴巴为什么将企业选址在杭州，又因为什么选择了在美国上市。

1. 在杭州创立的原因

首先，杭州的地理位置优越，为阿里巴巴提供了得天独厚的条件。作为浙江省的省会，杭州不仅是浙江的政治、经济、科教和文化中心，还是我国的重点风景旅游城市和历史文化名城。其位于长江三角洲南翼，紧邻杭州湾西端，这使得杭州成为长江三角洲地区的关键中心城市，以及中国东南地区的重要交通枢纽。这种地理位置的优势不仅为阿里巴巴的物流和运输提供了便利，还为其吸引了大量的客户和合作伙伴。

其次，杭州的创业环境和政策支持对阿里巴巴的创立起到了积极的推动作用。浙江的本土经济主要由民营中小企业支撑，因此杭州对民营中小企业的接纳度和欢迎度是全国领先的。政府提供了相应的创业扶持政策，本土创

投机构对小微创业企业也没有偏见，这为阿里巴巴等创新型企业提供了良好的发展土壤。此外，杭州的税收优惠和补贴等政策也进一步降低了企业的运营成本，提高了企业的竞争力。

再者，杭州的人才资源非常丰富，为阿里巴巴的发展提供了有力的人才保障。杭州是众多高等院校和研究机构的所在地，聚集了浙江大学等30多所高等院校、19所自然科学研究机构、9个国家级专业重点实验室、3所国家级企业技术研究中心，共拥有博士授予点109个、硕士授予点230个，有在校大学生27万名、研究生近2万名，这些高等院校和研究机构为阿里巴巴提供了大量的高素质人才（该数据为杭州1999年时的数据）。通过与这些高等院校和研究机构建立长期的合作关系，阿里巴巴得以获得源源不断的技术支持和人才供应，从而确保其业务的持续创新和发展。

最后，杭州的产业集群优势也是阿里巴巴选择在此地创立的重要原因之一。杭州的IT产业快速发展，已成为浙江省最具影响力的科技创新基地和高新技术产业基地。这种产业集群效应不仅为阿里巴巴提供了丰富的产业链资源，还为它创造了良好的产业生态环境，有助于阿里巴巴与其他企业形成紧密的合作关系，共同推动行业的发展。

此外，马云的个人经历和对杭州的深厚感情也对其选择在此地创立阿里巴巴产生了影响。马云作为杭州人，对杭州的经济发展和文化底蕴有着深刻的理解。他在杭州师范学院（现杭州师范大学）求学期间，积累了丰富的人脉资源，这为他日后创立阿里巴巴奠定了坚实的基础。

2. 在美国上市的原因

阿里巴巴在中国创立，却选择在美国上市，其中有着更深层次的考量。

一方面，我们需要理解阿里巴巴的股权结构。它实行的是同股不同权的制度，这种制度使得马云等创始人和小股东能够在持有较少股份的情况下，依然保持对公司的控制权。这种股权结构对于阿里巴巴来说至关重要，因为它确保了公司的战略方向和长期发展不会因为资本的变动而受影响。尽管在港交所上市可能会更容易获得合格的IPO（首次公开募股），但港交所的《上市规则》坚守公众利益优先原则，明确规定不允许同股不同权的公司股权结构，这成为阿里巴巴在港交所上市的一大障碍。

另一方面，阿里巴巴特殊的合伙人制度也是其在港交所上市受阻的重要原因。通常意义上的合伙人是指以其资产进行合伙投资，参与合伙经营，共享企业经营所得，并对企业债务承担无限或有限责任的自然人或法人。而阿里巴巴的合伙人制度具有其独特性，它本质上是大股东为防止控制权旁落而设置的有关董事提名权的特殊条款。根据这一制度，成为阿里巴巴董事必须经过合伙人的提名前置程序，这确保了合伙人能够控制董事会，董事必须是合伙人所认可的人。

在阿里巴巴披露的招股说明书中，软银持股比例达34.4%，雅虎持股比例22.6%，马云持股比例仅为8.9%，董事局执行副主席蔡崇信持股比例为3.6%，其余阿里巴巴高管个人持股均未超过1%。这种特有的合伙人制度，使马云及其合伙人在持股比例有限的情况下，仍然能保证对公司的控制权。

而在美国，资本市场对于同股不同权制度相对较为包容，这为阿里巴巴提供了更为灵活的上市环境。因此，阿里巴巴最终只好放弃在中国香港上市，选择在美国上市。

有人批评港交所缺乏灵活性，失去了一个重要企业在港挂牌的机会。但对于港交所来说，坚持上市规则的原则性和一致性是必要的。虽然失去阿里巴巴这样的重要企业可能会带来一定的遗憾，但保持市场的公平和透明对于整个香港股市的长远发展来说更为重要。当然，这并不意味着港交所不应该反思和调整其上市规则，以适应不断变化的市场环境和企业需求。

关于阿里巴巴在美国上市的问题，也引发了一些争议和批评。有人认为，这导致中国投资者失去了一个重要的投资机会，同时也让中国的资本市场失去了一家重要的龙头企业。这种看法在一定程度上是有道理的，但也需要考虑到资本和资产在国内外市场自由流动的重要性。这种流动可以加深中国经济和金融市场的市场化程度，提高市场的效率和竞争力。

第三节 企业上市的四个阶段与内部关键控制点

一、企业上市的四个阶段

根据中国证监会发布的《首次公开发行股票并上市管理办法》，企业实现上市需要经过改制重组、辅导推荐、材料申报、发行上市四个阶段。

1. 改制重组阶段

股份制改组是企业发行上市的重要前置步骤，其目的在于通过优化企业的股权结构和治理机制，为企业的上市之路奠定基础。

（1）股份有限公司的设立条件。

①发起人符合法定的资格，达到法定的人数。根据《中华人民共和国公司法》（简称《公司法》）的规定，设立股份有限公司，应当有一人以上二百人以下为发起人，其中应当有半数以上的发起人在中华人民共和国境内有住所。这一规定确保了发起人的数量和资格符合法律要求。

②发起人认购和募集的股本达到法定资本最低限额。股份有限公司注册资本的最低限额为500万元。这一规定确保了公司的资本实力，有助于保护债权人的利益。

③股份发行、筹办事项符合法律规定。这确保了股份的发行和公司的筹办过程都遵循法律的规定，避免了违法行为的发生。

④发起人制定公司章程，并经创立大会通过。公司章程是公司的基本准则，经创立大会通过可以确保章程的合法性和有效性。

⑤有公司名称，建立符合股份有限公司要求的组织机构。这确保了公司的身份和内部治理结构的合法性，为公司的正常运营提供了基础。

（2）企业从其他类型转变为股份有限公司的途径。

企业如果想从其他类型变更为股份有限公司，主要有三种方式。

第一种方式是新设设立。这种方式通常由5个以上的发起人共同出资，新设立一家股份有限公司。在这一过程中，发起人需要符合法定的资格和人数要求，认购和募集的股本也要达到法定资本最低限额。同时，发起人需要制定公司章程，并经过创立大会的通过。此外，还需要完成公司名称的注册，建立符合股份有限公司要求的组织机构等步骤。

第二种方式是改制设立。这种方式适用于已有企业希望将原有的全部或部分资产转化为股份有限公司的形式。

第三种方式是有限责任公司整体变更。这种方式首先要求企业改制设立或新设设立一家有限责任公司，然后将这家有限责任公司整体变更为股份有限公司。这种方式通常适用于那些已经按照有限责任公司的形式运营，但希望进一步升级为股份有限公司的企业。通过整体变更，企业可以保留原有的业务基础和运营模式，同时享受股份有限公司带来的更多融资和发展机会。

（3）股份有限公司的改组程序。

股份有限公司的改组是一个系统且复杂的过程，涉及多个关键步骤。

第一步，拟订总体改组方案。企业应聘请专业的保荐机构作为其财务顾问，并向该保荐机构全面介绍企业的基本情况。企业与保荐机构紧密合作，根据企业的实际状况，结合相关法规政策和中国证监会的要求，共同制定股份制改组及发行上市的总体方案。

总体方案一般包括以下事项：发起人企业概况，包括历史沿革、经营范围、资产规模、经营业绩和组织结构；资产重组方案，包括重组目的及原则、重组的具体方案；改制后企业的管理与运作、筹资计划以及其他重要事项。

第二步，选聘中介机构。为确保改组工作的顺利进行，企业还需聘请专业的会计师事务所、律师事务所、资产评估事务所和土地评估机构等，为企业提供全方位的服务。

会计师事务所的职责：对原企业及发行人前3年及最近一期的财务进行审计，并出具审计报告；对发行人发行当年的盈利预测进行审核；对发起人股份有限公司的实收资本及相关资产、负债的真实性、合法性进行审验并出具验资报告；协助制作申报材料中的有关部分。

律师事务所的职责：起草发起人协议、公司章程及其他有关协议；对各种法律诉讼、重大合约、合同、重大债权、债务关系进行法律上的鉴证；对发行人的发行主体资格出具法律意见书；制作申报材料中的有关部分，包括律师工作报告。

资产评估事务所的职责：对发行人的资产进行评估，并出具资产评估报告；协助公司向国资（财政）部门申请资产评估立项、资产评估结果的确认及国有股权管理方案的批复。

土地评估机构的职责：对发行人土地进行评估，并出具土地评估报告；协助公司向国土资源管理部门取得土地处置方案的批复。

第三步，有序开展改组工作。中介机构确定后，企业需积极配合各机构的工作，成立专门的工作协调小组，明确分工，制定具体重组方案，并设定合理的工作时间表。在保荐机构的牵头下，确保改组工作有组织、有计划地进行，及时解决各类问题。

第四步，确保发起人出资到位。企业设立专门的验资账户，各发起人按照协议约定的出资方式、比例进行出资。对于实物出资，需完成相关产权转移手续。资金到位后，由会计师事务所进行现场验资，并出具验资报告，确保出资的真实性和合法性。

第五步，筹备并召开公司筹委会会议，发出创立大会通知。在改组工作完成后，筹备召开公司筹委会会议，讨论并确定创立大会的相关事宜，并向各相关方发出创立大会的通知。

第六步，召开创立大会及第一届董事会、监事会会议。在创立大会上，审议并通过公司章程、选举董事会和监事会成员等重要事项。随后，召开第一届董事会和监事会会议，讨论并确定公司的运营策略和管理制度。

第七步，办理工商注册登记手续并取得营业执照。在完成上述步骤后，企业需向工商行政管理部门提交相关材料，办理工商注册登记手续。获得企业法人营业执照后，股份有限公司正式成立，标志着改组工作的圆满完成。

2. 辅导推荐阶段

在取得营业执照之后，股份有限公司依法成立，按照中国证监会的有关规定，拟公开发行股票的股份有限公司在向中国证监会提出股票发行申请前，需接受保荐机构的辅导。辅导内容深入且全面，需涵盖以下核心要点。

（1）全面审核股份有限公司的设立过程及历次演变的合法性、有效性，确保企业历史沿革清晰、合规。

（2）深入评估公司人事、财务、资产及供、产、销系统的独立完整性，确保各系统运作独立自主，不受外部不当影响。

（3）对公司董事、监事、高级管理人员、持有5%以上股份的股东和实际控制人（或者其法定代表人）进行系统的法律法规培训，特别是《公司法》《中华人民共和国证券法》（简称《证券法》）等相关内容，提升公司治理水平。

（4）协助公司建立健全股东大会、董事会、监事会等组织机构，规范其运作流程，确保公司治理结构完善。

（5）指导公司按照股份有限公司会计制度建立健全财务会计制度，确保财务报告真实、准确。

（6）协助建立健全公司决策制度和内部控制制度，确保公司运营高效且风险可控。

（7）推动公司建立健全符合上市公司要求的信息披露制度，保障投资者权益。

（8）规范股份有限公司与控股股东及其他关联方的关系，避免利益输送和不正当交易。

（9）严格审查公司董事、监事、高级管理人员及持有5%以上股份的股东持股变动情况，确保其合规性。

辅导工作开始前10个工作日内，辅导机构须向派出机构提交一系列材料，包括辅导机构及辅导人员的资格证明文件、辅导协议、辅导计划、拟发行公司基本情况资料表以及最近两年的经审计财务报告，确保辅导工作的透明度和专业性。

辅导协议作为双方共同遵守的准则，必须清晰界定各自的责任与义务，确保辅导工作的顺利进行。在协商辅导费用时，双方应秉持公开、透明的原则，确保费用合理，将相关费用详细列明于辅导协议中。重要的是，双方均不得将辅导与保证公司股票发行上市作为交换条件，以保持辅导工作的独立性和公正性。同时，辅导计划作为辅导工作的指导蓝图，应详尽涵盖辅导的目标、内容、实施方式、具体步骤及各项要求，确保计划既符合公司实际情况又具备可操作性，为公司的上市提供坚实保障。

3. 材料申报阶段

（1）申报材料制作。

在辅导工作圆满完成后，若经中国证监会地方派出机构验收并确认符合条件，企业便可以着手准备发行申请文件，即申报材料。申报材料的制作是一个涉及多方协作的复杂过程，包括保荐机构、会计师事务所、评估机构以及律师事务所等。各中介机构根据其专业领域和职责分工，精心制作相关材料。

在材料制作完成后，保荐机构将负责汇总和协调，对提供的材料进行仔细审核，确保信息的准确性和完整性，并据此出具推荐函。推荐函是保荐机构对公司申请发行股票的正式推荐，对于申报材料的审核至关重要。

保荐机构还将进行内部审核（内核），以确保申报材料符合相关法规和审核标准。经过内核确认无误的申报材料，由保荐机构报送至中国证监会进行审核，标志着公司股票发行申请正式进入官方审核阶段。

（2）申报材料上报。

①初审：中国证监会在收到申请文件后的5个工作日内决定是否受理，不符合规定要求的申请文件将不予受理。

决定受理后，中国证监会对发行人申请文件的合规性进行初审，在30日内将初审意见通知发行人及其保荐机构。保荐机构需在收到初审意见后的10日内，将补充完善的申请文件报至中国证监会。

在初审过程中，中国证监会将就发行人投资项目是否符合国家产业政策征求国家发展和改革委员会的意见，国家发展和改革委员会将在收到文件后的15个工作日内回复中国证监会。

②发行审核委员会审核：中国证监会对补充完善的申请文件进行进一步审核，并在受理申请文件后的60日内，将初审报告和申请文件提交发行审核委员会审核。

③核准发行：根据发行审核委员会的审核意见，中国证监会对发行人的

发行申请作出核准或不予核准的决定。予以核准的，出具核准公开发行的文件；不予核准的，出具书面意见，说明理由。从受理申请文件到作出决定的期限为3个月。未被核准的企业可在接到中国证监会书面决定之日起60日内提出复议申请，中国证监会将在收到复议申请后的60日内作出决定。

4. 发行上市阶段

（1）获取批文。

发行申请经发行审核委员会核准后，企业将获得中国证监会的发行批文，这标志着企业可以正式开始后续的发行上市工作了。

（2）刊登招股说明书。

获得发行批文后，企业需要开始准备招股说明书，并对外进行信息披露。招股说明书是向潜在投资者展示企业基本情况、财务状况、发展前景的重要文件，需真实、准确、完整地反映企业的实际情况。同时，企业还需进行路演，向投资者介绍企业的投资价值和发展前景，以吸引更多的投资者参与认购。发行过程中，企业需要完成股票发行、登记等工作，确保发行过程合规、有效。最后，企业还要举行上市仪式，这也标志着其正式成为一家上市公司。此外，企业还需要完成工商变更登记等手续，确保公司法律地位的正确性。

（3）完成挂牌上市交易相关工作，刊登上市公告书。

在股票成功发行并上市后，企业需要在交易所的安排下完成挂牌上市交易的相关工作。这包括与交易所签署上市协议、确定股票代码和简称、安排股票交易等。同时，企业还需要发布上市公告书，向公众宣布其上市交易的详细信息，如上市时间、交易规则、风险提示等。上市公告书的发布，不仅是对外展示企业形象的重要机会，也是向投资者传达企业未来发展计划和战略的重要途径。

二、企业上市内部关键控制点

企业首次公开发行股票并上市是一项复杂的系统工程，它要求企业需要在各个方面满足上市的规范要求。在众多考量因素中，财务状况的好坏是决定上市成功与否的关键，直接关系企业的最终成败。据相关统计，大多数未能成功上市的企业都是因为财务问题。因此，为了确保上市过程的顺利进行，企业需要特别关注以下七个内部关键控制点。

1. 持续盈利能力

持续盈利能力是企业发行上市的基本要求，其判断依据包括财务会计信息、企业内部因素和外部因素、商业模式。从财务会计信息来看，持续盈利能力主要体现在收入结构、毛利率变化、利润来源的连续性和稳定性等三个方面。企业内部因素主要包括核心业务、核心技术、主要产品及其用途、原料供应等。企业外部因素主要包括行业环境、市场地位、市场空间、公司竞争特点及产品销售情况、消费群体等。此外，商业模式的适应性和可复制性也是判断企业持续盈利能力的关键。一个适应性强的商业模式能够使企业在市场中迅速占据优势地位，实现快速增长；商业模式是否具备可复制性则决定了企业能否通过扩张实现规模效益，进一步提升持续盈利能力。

2. 营业收入

营业收入是利润表中的重要科目，反映了公司创造利润和生成现金流的能力。在主板及创业板上市管理办法规定的发行条件中，均有明确的营业收入要求。

按照会计准则的规定，判断公司能否确认收入的一个核心原则是商品所有权上的主要风险和报酬是否转移给购货方，这就需要结合公司的销售模式、渠道及收款方式进行确定。同时，销售循环的内部控制制度是否健全，流程是否规范，单据流、资金流、货物流是否清晰、可验证，这些都是确认收入真实性、完整性的重要依据，也是上市审计中收入项目审查的重中之重。特别是针对收入的完整性，确保所有收入都已开票入账，特别是现金收入占比较高的企业，更应建立严格的内部控制机制，以防范潜在的财务风险。

销售合同中的各项细节，如验收标准、付款条件、退货政策、后续服务条款以及商品运输方式，都是收入确认过程中必须细致审查的关键要素。

在探讨收入政策时，现金折扣、商业折扣和销售折让等因素对收入确认的影响不容忽视。根据会计准则的规定，现金折扣应在实际发生时计入财务费用，而商业折扣和销售折让则应从销售收入中予以扣除。

此外，还需对销售的季节性波动、产品销售的地域和客户分布、公司在行业内的地位，以及公司与竞争对手的关系进行深入分析。结合行业发展趋势、新客户开发情况、新产品研发进展等因素，综合判断公司收入的波动趋势是否与行业周期相吻合、与市场变化相协调。同时，通过评估企业销售网络的覆盖范围、主要经销商的资金实力以及产品销售和回款状况，全面了解企业营业收入与应收账款、销售商品和提供劳务收到的现金之间的增长关系，准确把握企业的财务状况和经营成果。

3. 成本费用

成本费用直接影响企业的毛利率和利润，影响企业的合规性和盈利能力，企业应予以足够的重视。企业应核查成本核算方法是否规范，核算政策是否一致。拟改制上市的企业往往成本核算较为混乱，对历史遗留问题一般可采取如下方法进行处理：对存货采用实地盘点核实数量，用最近购进存货的单价或市场价作为原材料、低值易耗品和包装物等的单价，参考企业的历史成本，结合技术人员的测算作为产成品、在产品、半成品的估计单价。问题解决之后，企业应立即着手建立健全存货与成本内部控制体系以及成本核算体系。费用方面，企业应关注费用报销流程是否规范，相关管理制度是否健全，票据取得是否合法，有无税务风险。对于成本费用的结构和趋势的波动，企业应有合理的解释。在材料采购方面，企业应关注原材料采购模式是否合理，供应商管理制度等相关内部控制制度是否健全，价格形成机制是否规范，采购发票是否规范。

4. 税务

税务问题是企业改制上市过程中的重点问题，在中国，主板及创业板上市管理办法明确规定了发行人在税务方面的相关要求。

首先，发行人必须依法纳税，这是上市的基本前提。同时，企业享受的各项税收优惠必须符合国家税收法律法规的规定，发行人的经营成果也不能过度享受税收优惠。

其次，企业实行的税种、税率应合法合规。

最后，在纳税申报方面，企业必须确保纳税申报的及时性和完整性。如果企业因纳税问题受到税收征管部门的处罚，就会对企业的上市产生负面影响，甚至可能导致上市失败。

5. 资产质量

企业资产的优质性及资产负债结构的合理化是上市审核过程中的关键考量因素。在评估过程中，企业需要特别关注以下几个方面。

首先，审视应收账款的余额及账龄，对比同期收入增长情况，谨防过大波动，确保资金回收稳健。

其次，关注存货余额是否适中，有无残次滞销品，周转率是否健康，确保账实相符，防范存货积压风险。

再者，核查是否存在停工的在建工程，固定资产的法定所有权证书是否完备，是否有闲置、残损资产等。对于无形资产，需确认产权清晰、无瑕疵，作价依据充分可靠。

最后，细致审查其他应收款与其他应付款的核算内容。这两个科目常被戏称为“垃圾桶”“聚宝盆”，实则隐藏着诸多风险。特别关注大额“其他应收款”是否涉及关联方资金占用、资金拆借、隐性投资、费用挂账、或有损失等问题，以及是否误用会计科目。同时，警惕大额“其他应付款”用于隐瞒收入、低估利润的行为。

此外，财务性投资资产，如交易性金融资产、可供出售的金融资产等，其占总资产的比重亦需被关注。比重过高可能表明企业现金充裕，进而被质疑上市融资的必要性。

6. 现金流量

现金流量反映了一个企业真实的盈利、偿债和支付能力，现金流量表提供了资产负债表、利润表无法提供的更为真实且有用的财务信息，更为清晰地揭示了企业资产的流动性和财务状况。在关注现金流量时，应聚焦于以下两个核心要点。

一是关注经营活动产生的现金流量净额，它直接体现了企业的收入质量及核心竞争力。企业应结合行业特点和自己的经营模式，将经营活动现金流量与主营业务收入、净利润进行比较。经营活动产生的现金流量净额为负数的，企业需要有充分、合理的解释。

二是关注投资、筹资活动现金流量与公司经营战略的关系。例如，公司的投资和筹资活动使得企业现金流量净额增加，表明企业实行的是扩张的经营战略，处于发展阶段。然而，这种扩张策略也伴随着一定的偿债风险，因此企业需要密切关注其债务结构、偿债能力以及资金成本等因素。

7. 重大财务风险

重大财务风险是企业上市过程中需要重点防范和控制的一环。在这方面，中国证监会对于主板和创业板发行上市均有明确的管理办法和禁止性规定，包括不存在重大偿债风险，不存在影响持续经营的担保、诉讼及仲裁等重大或有事项；不存在为控股股东、实际控制人及其控制的其他企业进行违规担保的情形；不得有资金被控股股东、实际控制人及其控制的其他企业以借款、代偿债务、代垫款项或者其他方式占用的情形。

第三章

03

重构商业模式
提升盈利能力

第一节 什么是商业模式

现代管理学之父彼得·德鲁克曾指出："在当代商业生态中，企业间的较量已不再是单纯的产品之争，而是深化至商业模式的较量。"当前企业的竞争焦点早已跨越产品、人才、营销、服务等传统维度，转而聚焦于商业模式的角逐。其中，盈利模式的竞争尤为关键，它直接决定了企业的生存和持续发展能力。

日本日产汽车公司的原掌舵者卡洛斯·戈恩对此有着独到的见解，他强调："在这个利润至上的时代，能够长期保持高于竞争对手的盈利水平的企业，方为真正的市场赢家。因此，我们必须精心打造高效的盈利模式，将企业的愿景转化为实实在在的业绩。"这种盈利模式不仅是企业实现利润最大化的基石，更是其长久竞争力的生动体现。

无论企业名气多大，资产规模多雄厚，若缺乏适宜的商业模式，终将走向衰败。商业模式是否适宜是决定企业兴衰成败的关键。

那么，究竟何为商业模式呢？

简而言之，商业模式是企业创造、传递、获取价值的基本框架。它的核心在于整合内外部资源，构建高效、独特的运行系统，以实现客户价值的最大化。这涉及为消费者、股东、合作伙伴、员工等所有利益相关者提供更高质量的服务或更低成本的产品。客户价值的最大化是企业战略制定的核心，也是企业所有经济活动的导向和动力源泉。

在商业模式中，"整合""高效""运行系统"构成了成功的基础，"核心竞争力"是实现成功的关键手段，"客户价值最大化"是企业的主观追求，而"持续盈利"则是主观追求的客观成果。尽管商业模式的定义尚不统一，但其作为企业成功的关键因素是不容置疑的。

一个优秀的商业模式需要明确回答四个核心问题：目标顾客是谁？顾客重视的价值是什么？企业如何通过业务实现盈利？企业如何以合理的成本为

顾客提供价值，并构建经济效益的逻辑框架？

商业模式的定义根据不同的侧重点可以分为多种类别，具体包括经济类商业模式、运营类商业模式、战略类商业模式和整合类商业模式。

经济类商业模式关注企业如何通过其业务活动产生经济效益，涉及收入来源、定价策略、成本结构和盈利模式等，这类模式强调如何通过优化资源配置和提高效率来增加利润。经济类商业模式是企业为实现持续盈利而设计的经营策略和逻辑框架，不仅体现了企业在市场竞争中的地位和优势，而且决定了企业如何通过有效地配置和利用资源，为顾客提供超越竞争对手的价值，从而获取稳定的收益流。简而言之，经济类商业模式是企业为了自我维持和创造利润而制定的一套完整的商业运营方案。

运营类商业模式关注企业如何有效地将人力、物力、财力等资源转化为产品或服务，并通过销售这些产品或服务实现盈利。这涉及对生产、供应链、销售、服务等各个环节的精心策划和组织。

一个完整的运营类商业模式会涉及多个商业参与者，包括供应商、生产商、销售商、消费者等，这些商业参与者之间形成了一系列复杂的利益关系，共同构成了商业模式的骨架。在这个模式中，价值流、收入流和物流是三个关键要素。价值流描述了企业如何创造和传递价值给消费者，从研发、生产到销售，每一个环节都为最终的产品或服务增加了价值。收入流则是企业通过这些产品或服务获得的收益，它反映了企业的盈利能力和市场接受度。而物流则是确保产品或服务能够高效、准确地从生产商传递到消费者手中的关键要素。

以苹果公司为例，其商业模式充分体现了多个参与者之间的紧密合作和价值创造。苹果公司精心挑选供应商，确保获得高质量的原材料和零部件；生产商则负责将这些零部件组装成最终的产品；销售商通过线上、线下渠道将产品推向市场；而消费者则通过购买苹果产品享受到卓越的使用体验。在这个过程中，苹果公司不断优化和创新其商业模式，以适应市场的变化和满足消费者的需求。例如，苹果公司通过持续推出创新产品、拓展全球市场、优化供应链管理等方式，不断提高其运营效率和盈利能力。同时，苹果公司还利用自身的品牌和技术优势，与其他企业进行跨界合作和资源整合，进一步拓展其商业边界。

战略类商业模式主要从战略角度考虑企业的商业模式，涉及市场主张、组织行为、增长机会、竞争优势和可持续性等构成要素。它关注的是企业如何在特定的市场环境下，通过整合内外部资源，制定并执行有效的战略，以实现长期的竞争优势和可持续发展。战略类商业模式强调外部环境和竞争因素的影响，以及资源配置的可持续性。

整合类商业模式注重从整体上对企业的战略方向、运营结构、经济逻辑等进行定位和整合，以便企业在特定的市场上建立独特的竞争优势。它将商业模式描述为企业系统运行的本质，是对企业经济逻辑、运营结构和战略方向的整合和优化。整合类商业模式强调的是商业模式的独一无二性和不可复制性，以及各个维度之间的系统性和协调性。

每个企业都应拥有其独特的商业模式，这些经过精心设计、不断完善的商业模式能够为企业构筑坚不可摧的竞争壁垒。

第二节　商业模式创新

一、商业模式创新企业的特点

商业模式创新作为一种新的创新形态，其地位已不亚于技术创新。近几年，商业模式创新更成为炙手可热的流行词汇，受到了广泛关注。

商业模式创新本质上是指企业价值创造和提供的基本逻辑的创新变化，这种变革可能涉及多个商业模式构成要素的重新组合，也可能涉及要素间关系的优化、调整或者动力机制的深刻转变。简而言之，商业模式创新就是指企业以新的、更为有效的方式盈利。

商业模式创新因其构成要素的具体形态表现、相互间关系及作用机制的组合的无限可能性，使得创业企业的商业模式呈现出多样性和独特性。商业模式创新企业普遍有如下三个特点。

（1）提供具有创新性的产品或服务，致力于开创独特的产业领域，或以独特的方式提供已有的产品或服务。例如，Grameen Bank（格莱珉银行）通过为穷人提供小额贷款服务，打破了传统金融服务的局限，开创了全新的金融领域。与此类似，早期的亚马逊只是一家网络书店，虽然它销售的书籍与其他零售书店并无太大差异，但其销售方式却独具匠心，引领了电子商务的潮流。同样地，美国西南航空公司提供的航空服务虽然与其他航空公司类似，但其独特的运营模式和服务理念，使其在航空市场中独树一帜。

（2）包含多个显著区别于其他企业的要素。这些差异不仅仅是细微的差别，而是体现在整个商业模式的核心构成上。例如，Grameen Bank与传统商业银行存在明显不同，其主要服务对象为贫困妇女，贷款额度较小，且无须提供担保或抵押品。亚马逊在商品选择范围、网络销售，以及仓储配送等方面展现出与传统书店的显著差异。美国西南航空公司则在服务定位、机型选择、航线规划等多个方面实现了与其他航空公司的区分。

（3）有良好的业绩表现。这体现在它们能够降低成本、提高盈利能力，并在市场中形成独特的竞争优势。比如，虽然Grameen Bank不以盈利为主要目标，但其可持续盈利模式证明了其商业模式的成功；亚马逊仅用几年时间就发展成为全球最大的在线书店，其高效的存货周转速度和便捷的支付方式为其带来了竞争优势；美国西南航空公司则通过低成本运营模式，实现了高于同行的利润率，并在国内外短途航空市场中占据了重要地位。

二、商业模式创新的特点

“创新”这个理念源于经济学家约瑟夫·熊彼特，他认为，创新是将新的生产要素与生产条件进行“新颖组合”并引入生产体系中的过程。他具体描述了五种创新形态：新产品开发、新生产方法推出、新市场开辟、新原料来源获取以及新产业组织形态采用。

商业模式创新作为一种新兴的创新形态，与熊彼特提出的传统创新类型相比，具备以下几个显著特点。

（1）商业模式创新更加注重从客户的角度出发，以更加外向和开放的视角深入探究企业的行为设计。它的逻辑思考起点是客户的需求，即首先关注如何从根本上为客户创造新的价值。这意味着商业模式创新更加聚焦于如何有效地满足客户的期望和需求，以此为基础构建和优化企业的运营模式和价值创造过程。

（2）商业模式创新展现出更为系统且根本的特性，它并非单一因素变动所能驱动，而是涉及商业模式中多个关键要素的同步、重大变革。这种变革要求企业进行较大规模的战略调整，以适应新的市场环境和客户需求。商业模式创新是一种集成创新，它通常与产品、工艺或组织的创新相伴相生，共同推动企业的整体发展。在当前以服务为主导的时代背景下，商业模式创新在服务领域表现得尤为突出。服务经济已经成为全球经济发展的重要推动力，服务业在国民经济中的占比不断提高。因此，商业模式创新在服务内容、服务方式以及组织形态等多个方面都需要进行全面变革。

（3）商业模式创新在绩效表现上展现出明显的优势。它不仅能够为企业带来更高的盈利能力和更大的竞争优势，还能让企业在市场竞争中占据先机，为企业的长期发展奠定坚实的基础。即使企业提供的是已有产品或服务，商业模式创新也能通过优化资源配置、提升客户体验等方式，为企业带来更持久、稳定的盈利能力和更为突出的竞争优势。

三、商业模式创新的四种方法

商业模式创新是对企业基本经营方法的根本性变革。通常，这种变革通过以下四种主要方法实现：改变收入模式、改变企业模式、改变产业模式和改变技术模式。

1. 改变收入模式

改变收入模式意味着企业需要重新定义其用户价值，以及调整相应的利润方程或收入模型。这一过程始于对用户新需求的深入挖掘。这里的“新需求”并非仅仅指市场营销中常见的寻找新用户群体或市场空白，而是指从更为宽广的视角出发，理解用户购买产品背后真正想要完成的任务或达成的目标。

通常，用户要完成一项任务，并不是需要一件产品，而是需要一个完整的解决方案。一旦企业明确了这一解决方案，也就同时明确了新的用户价值定义，并可以此为基础进行商业模式创新。

以国际知名电钻企业喜利得公司为例，它正是从这一角度出发，重新定义了用户价值。喜利得公司长期致力于为建筑行业提供高端工业电钻，但面对全球激烈竞争导致的电钻利润下滑，其开始专注于用户实际的工作需求。该公司发现，用户真正需要的并非只是电钻本身，而是能够在正确的时间和地点使用到状态最佳的电钻。由于用户往往缺乏管理大量复杂电钻的能力，常常导致工期延误。

因此，喜利得公司改变了其用户价值定义，不再仅仅出售电钻，还提供电钻的租赁服务，并附加库存、维修和保养等综合管理服务。这一变革使得喜利得公司从传统的硬件制造商转变为服务提供商，并将部分制造业务转移给第三方，从而实现了商业模式创新，并改变了其盈利模式。

同样地，戴尔科技公司、沃尔玛百货有限公司（简称“沃尔玛”）、道康宁公司、Netflix（美国奈飞公司）和Ryanair（瑞安航空公司）等也通过类似的方式，重新定义了用户价值，成功实现了商业模式创新。

2. 改变企业模式

改变企业模式涉及一个企业在产业链中的位置和角色的转变，即调整其价值链中“造”和“买”的组合，部分环节由企业自身完成，而其他环节则依赖合作伙伴提供。这种变化通常通过垂直整合策略或外包策略实现。

例如，谷歌公司观察到公众对信息的获取已经从桌面平台转向移动平台，意识到仅仅作为桌面平台搜索引擎可能会逐渐失去竞争力。因此，谷歌公司实施了垂直整合策略，收购了摩托罗拉手机和安卓移动平台操作系统，从而进入了移动平台领域，改变了自己在产业链中的位置和商业模式，从软件服务提供领域扩展到了硬件领域。

IBM（国际商业机器公司）也在20世纪90年代初期进行了类似的转变。它认识到个人电脑业务的盈利前景不佳，因此决定出售这一业务，转而专注于IT服务和咨询领域，并扩大了其软件部门的规模。这一战略调整使得IBM在产业链中的位置和商业模式发生了根本性的变化，IBM从硬件制造商转变为软件和服务提供商。

同样地，甲骨文股份有限公司、礼来公司、香港利丰集团、Meta公司等也采用了类似的思路，通过改变企业模式来推动商业模式的创新。

3. 改变产业模式

改变产业模式是一种高度激进的商业模式创新，它要求企业不仅要重新定义自身所在的产业，还要进入或创造一个全新的产业领域。

例如，IBM通过推动智能星球计划和云计算技术，重新整合了资源，进入了新领域并开创了新产业。IBM不仅提供商业运营外包服务和综合商业变革服务，还致力于成为企业总体商务运作的大管家。

同样，亚马逊也进行了类似的商业模式创新，将其业务向产业链的后方延伸。它向各类商业用户提供包括物流和信息技术管理的商务运作支持服务，并向它们开放自身的20个全球货物配发中心。此外，亚马逊还大力进军云计算领域，成为提供相关平台、软件和服务的行业领袖。

其他企业，如高盛集团、富士胶片株式会社和Bharti Airtel等也都进行了类似的商业模式创新，以寻求在各自领域内的新突破和增长机会。这些企业通过重新定义产业、进入新领域或创造新产业，展现出对商业模式创新的深刻理解和积极实践。

4. 改变技术模式

技术变革往往成为推动商业模式创新的重要驱动力。企业可以通过引入激进型技术来引领自身的商业模式创新。例如，在过去，许多企业利用互联网的兴起进行了革命性的商业模式创新。

一项重大的革新技术是云计算。云计算是如今最具潜力的技术之一，提供了诸多全新的用户价值，为企业带来了进行商业模式创新的宝贵机会。通过云计算，企业可以更加灵活、高效地提供服务，降低运营成本，同时提升用户体验。

另一项重大的革新技术是3D打印技术。一旦这项技术成熟并实现商业化，它将为众多企业带来深度的商业模式创新。例如，汽车企业可以利用3D打印技术替代传统的生产线来制造零件，甚至采用类似戴尔科技公司的直销模式，让用户在线订购，并在靠近用户的地点通过3D打印技术制造其所需汽车。这种创新模式将极大地提高生产效率，减少库存和降低运输成本，同时满足用户对个性化定制的需求。

当然，无论采取何种方式，商业模式创新需要企业对自身的经营方式、用户需求、产业特征及宏观技术环境具有深刻的理解和洞察力。这是企业成功进行商业模式创新的前提条件，也是最具挑战性的部分。

四、商业模式创新的六个步骤

下面，我们来看商业模式创新的六个步骤，即客户洞察、创意构思、可视思考、原型制作、故事讲述和情景推测。

1. 客户洞察

在构建商业模式时，企业往往会投入大量资源进行市场研究，但在将研究结果转化为具体的产品、服务和商业模式设计时，却常常忽略了客户的真实声音。这种脱节可能导致企业设计的商业模式与市场需求存在偏差，从而无法实现有效的市场渗透和客户满意度的提升。因此，为了弥补这一缺陷，企业应将客户洞察作为商业模式设计的起点，深入理解客户的生活环境、日常事务、关注焦点以及他们的期望。只有真正站在客户的角度，企业才能洞察他们的真实需求，从而设计出更符合市场需求的商业模式。

汽车制造商的先驱亨利・福特曾深刻指出："若我询问顾客他们的需求，他们或许只会回答想要一匹更快的马。"这句话揭示了客户反馈的局限性，并强调了深入挖掘客户真实需求的重要性。客户的回答往往基于他们现有的认知和体验，而不一定能揭示更深层次或未来的需求。因此，商业模式创新者需要超越表面的客户反馈，通过深入的市场研究和客户洞察发现真正有价值的商业机会。

许多企业的商业模式创新之所以成功，正是因为它们敏锐地捕捉到了新客户群体的需求，并成功地满足了这些需求，从而实现了商业模式的创新和升级。

2. 创意构思

创意构思是生成全新商业模式的核心环节，它要求我们在已有商业模式的基础上，打破常规，激发创新思维，以设计出更具竞争力、更符合市场需求的全新商业模式。这一过程需要大量的创意产生，并通过筛选机制挑选出最具潜力和可行性的方案。在构思新的商业模式时，我们必须敢于摒弃现状，暂时搁置运营层面的考量。

创意构思包含两大阶段：创意生成，侧重数量；创意合成，涵盖对各项创意的讨论、组合及精简，以形成少数可行的选择。

创新商业模式的创意可源于多个不同的出发点，我们可以运用商业模式画布和“假如”提问法来挖掘创新商业模式的创意。

商业模式画布包括客户细分、价值主张、渠道通路、客户关系、收入来源、关键业务、核心资源、重要合作和成本结构九大构造块。每一个构造块都代表了商业模式的一个关键方面，通过对这些构造块的深入分析，我们可以发现创新的可能性。例如，我们可以考虑重新定义目标客户群体，或者优化产品和服务的价值主张，以适应市场变化或满足新兴需求。

“假如”提问法是指通过提出一系列假设性问题，挑战现有商业模式，并探索新的可能性。这些问题可能涉及市场需求、技术进步、竞争态势等多个方面，旨在激发团队成员的创造力和想象力。通过不断提问和反思，发现一些之前未曾考虑过的创新点，从而为商业模式的创新提供新的思路。

3. 可视思考

可视思考则是将创意构思转化为具体商业模式的关键步骤。通过使用图片、草图、图表等视觉化工具，企业可以更直观地展示商业模式的构造块及其相互关系，帮助团队成员更深入地理解商业模式。可视思考不仅有助于澄清商业模式中的隐形假设，还能激发更多的创意和灵感，为后续的原型制作和故事讲述提供有力的支持。

4. 原型制作

在探索和开发创新商业模式的过程中，原型制作与可视思考一样发挥着关键作用，它们使原本抽象的概念得以具象化，为创新提供了实际操作的平台和基础。原型制作，作为将思考转化为实践的重要桥梁，不仅帮助我们构建未来潜在商业模式的实例，更是我们讨论、调查、验证新商业模式概念的有力工具。通过商业模式画布，我们可以对商业模式进行初步构想，形成清晰的概念框架。同时，利用电子表格等工具模拟新业务的财务运作，可以更具体地呈现商业模式的各个方面。这些原型制作不仅帮助我们深入理解商业模式，更为我们提供了优化和改进的方向。

值得注意的是，商业模式的原型制作并不是对最终商业模式的简单描绘，而是一种思维工具，用于探索不同的潜在发展方向和可能性。通过引入新的客户细分群体、调整关键业务、改变核心资源等方式，我们可以观察商业模式的变化和效果，从而发现新的商业机会和潜在风险。

5. 故事讲述

讲故事在商业模式创新中扮演着举足轻重的角色。对于一个全新的、未经考验的商业模式，如果只是用单薄的文字去描述，就如同试图用黑白线条来描绘一幅画作，缺乏色彩。然而，通过讲述一个生动的故事，我们能够以色彩和细节来丰富这幅画布，使商业模式变得鲜活而具象。

推销商业模式给投资者时，清晰易懂的故事至关重要。这样的故事能够形象地展示你的商业模式是如何为客户解决问题的，可以有效地将你的整个想法传递给投资者。一个精心构建的故事不仅能够引起投资者的兴趣，还能为他们提供理解和认同商业模式的框架。

讲故事的目的，就是要以一种形象具体的方式展示新的商业模式。为了确保故事的有效传达，其内容一定要简单易懂，主人公也只需要一位。结合观众的实际情况，你可以从不同视角塑造不同的主人公，比如下面这两种视角。

从公司视角出发，我们的主人公是凯文（Kevin），一位32岁的亚马逊高级IT经理。Kevin在亚马逊已经工作了9年多，他和同事们在过去的几年里，通宵加班无数次，开发出了业内一流的IT系统，为公司的电子商务业务提供了坚实的支持，Kevin对他的工作感到自豪。

在2008年一年时间里，亚马逊网站的购物者的点击量就超过5亿次。几年来，亚马逊在技术和内容上的累计投入也超过了5亿美元，其中绝大部分用在了电子商务的业务上。公司业务范围已经远远超出了其传统的零售业务，亚马逊正在发展成为电子商务领域最为重要的系统提供商之一。

通过其简单存储系统（Amazon S3），亚马逊正在利用它的IT系统为其他公司提供价格极为低廉的在线数据存储服务。类似地，亚马逊将其开发的弹性云计算技术（Amazon EC2）提供给外部客户使用。

虽然外界对亚马逊这种业务多元化的做法有所质疑，但Kevin深知，这种转变是顺理成章、理所当然的。卢卡斯（Lucas）还记得4年前，他所在的小组投入大量的时间和精力整合负责公司IT系统的网络工程小组和负责公司多个关联网站的程序应用小组。为此，他们决定在这两层结构间建立一层被叫作程序应用界面的中间层，这样可以极大地方便程序应用小组在公司IT系统上的工作。Kevin也记得他们是什么时候才意识到这种界面不仅适用于公司内部，对于外部客户也十分有用的。在杰夫·贝索斯（Jeff Bezos）的领导下，亚马逊决定开辟出一块能为公司带来巨大收入的新业务。随即，亚马逊开放了其程序应用界面，把亚马逊Web服务以收费的方式提供给外部客户。由于亚马逊本身的业务就需要设计、建立、实施和维护这些系统，把它们提供给第三方使用自然也就不是外界传闻的“术业不专”了。

从客户视角出发，我们的主人公是兰迪（Randy），一位41岁的网络创业者。在兰迪整个职业生涯中，长期困扰她的一个问题就是如何高效且经济地投资网络基础设施，以便为她的企业客户提供稳定可靠的服务。这也解释了为什么当兰迪的一个在亚马逊工作的朋友告诉她亚马逊新推出了IT系统业务时，她会如此兴奋、着迷。亚马逊推出的新服务解决了一直困扰兰迪的难题：不仅能将她提供的服务建立在一流的IT系统上，还能根据实际需要灵活调整业务规模，而且只需按实际使用量付费。

这就是亚马逊Web服务真正提供给客户的产品。借助亚马逊的快捷存储系统，兰迪可以通过亚马逊程序应用界面（API）接入其主体系统，把她公司的应用程序存储在亚马逊的服务器上。亚马逊的弹性云计算技术也是如此。

兰迪不必建立和维护自己的系统就能为其客户提供企业应用服务。她要做的仅仅是接入亚马逊系统，使用其强大的计算能力，并按时数支付一定的服务费而已。她立刻明白为什么提供这些价值的是一家电子零售巨头，而非IBM或埃森哲。为了在全球范围内每天不间断地为亚马逊在线零售业务提供服务，亚马逊建立并维护着这个庞大的IT基础设施，这也是它的核心竞争力所在。而将这套系统开放给其他企业使用，不仅没有给亚马逊带来显著的资源消耗，反而进一步发挥了这一资源的价值，为亚马逊带来了新的收入来源。更让兰迪感到欣慰的是，亚马逊一直以来都秉持着低成本、高效率的商业理念。这也使得其Web服务的价格非常亲民，让更多的创业者能够享受高品质的IT服务支持。

要把故事讲得吸引人的技巧有很多，每种技巧也有其独特的优势和局限性，我们要根据听众的特点和所处的场合进行精准匹配。在了解了谁是你的听众、你会出席什么场合后，你就可以开始选择适合的讲故事的技巧了。

6. 情景推测

情景推测在新商业模式的设计和原有商业模式的创新中扮演着至关重要的角色，它能够将抽象的概念转化为具体可操作的模式。这一方法的核心作用在于，通过深入剖析和细化设计环境，帮助我们更好地理解和掌握商业模式设计的整体流程。

情景推测主要分为两种类型。第一种聚焦于不同的客户背景：什么类型的客户在使用这个产品和服务，客户是如何使用的，客户的顾虑、愿望和目的分别是什么。第二种关注的是新商业模式可能面临的未来竞争场景。通过探索创意和预测未来趋势，企业能够提前布局，为商业模式的持续发展奠定坚实基础。这种推测要求企业具备前瞻性思维，能够从长远的角度考虑商业模式的创新和优化。

通过深入分析和讨论这些情景推测，企业可以不断优化和完善商业模式，使其更加符合市场需求和未来发展趋势。同时，情景推测也有助于企业提前识别和应对潜在风险，确保企业持续发展。

第三节　如何通过管理提升企业运营效率

当前，各类型企业的创新发展环境显著改善，管理水平亦有所提升。近年来，企业运营效率的提升已成为业界普遍关注的焦点，众多企业纷纷致力于通过优化管理手段提升企业运营效率，并为此投入了大量的管理资源。然而，企业在实际管理过程中，仍存在诸多问题，一些管理策略的运用尚显不合理，难以有效支撑企业运营效率的提升。因此，企业需积极寻求科学的管理策略，以期有效地推动企业运营效率的提升。

一、以提升企业运营效率为目标的管理概述

1. 企业运营效率提升的内涵

现代企业的发展核心在于其运营体系的有效实施，这涵盖了计划的精心制定、组织的科学构建、实施的严格执行以及控制的精准监督。运营，作为与产品制造和服务创新紧密相连的管理活动，其重要性不言而喻。

在评估企业运营状况的好坏时，运营效率的高低无疑成为一个至关重要的指标。不同类型的企业，虽然在运营侧重点上可能有所不同，但无论是聚焦于核心产品的精益运营，还是致力于核心服务的优化运营，都需要将提升运营效率作为核心目标。

随着现代企业管理理论的不断完善，以及更多企业积极投身于运营实践的探索，与企业运营相关的理论体系日趋成熟，运营效率的提升也被赋予了更为丰富的内涵。

2. 运营效率与管理的具体关系

在现代企业的发展过程中，运营效率与管理之间存在着密不可分的关系，这也是许多企业致力于提升运营效率并积极推进管理创新的重要原因。

从行为的本质来看，运营可以被视为企业在发展过程中所开展的一系列管理活动，这些活动紧密围绕着产品的生产和服务的创造，因此，运营本质上就是一种管理。

同时，管理也深深地渗透在运营的每一个细节之中。无论是对企业哪个层面进行的管理活动，只要它们能对企业的业务运营或整体发展产生实质性影响，这些管理活动都可以被视为在不同层面上进行的运营实践。

此外，现代企业中运营效率与管理之间存在着相互影响的关系。如果运营效率达到较高水平，往往意味着企业的盈利能力得到增强，这反过来又会减轻管理层面所承受的压力。相反，如果管理层面出现问题或短板，运营效率的压力就会显著提升。因此，当管理状况良好时，提升运营效率会变得更加容易；反之，运营效率可能会长时间徘徊在较低水平，难以获得实质性突破。

鉴于运营效率与管理之间的这种紧密关系，任何旨在提升运营效率的努力都必须紧密结合具体的管理活动来实施。

3. 基于企业运营效率提升的管理实践价值

运营效率的提升对于企业管理实践具有显著价值，这也是众多企业致力于提升运营效率并据此制定管理策略的重要原因。具体而言，这种管理实践的价值主要体现在以下两个方面。

第一个方面，运营涵盖与产品生产和服务创造紧密相连的诸多管理环节。以提升运营效率为导向的管理实践，使各项管理活动的执行更具针对性和有效性。这种导向不仅确保了管理活动在各自层面上的有效执行，而且能够促进这些活动在整体上对运营效率产生积极影响。

第二个方面，面对当前许多企业运营效率仍有待提升的现状，将运营效率提升作为核心目标，并采取相应的管理策略，是实现科学、合理管理的关键步骤。通过制定和执行更加有效的管理策略，企业可以更有力地推动运营效率的提升，从而为业务推进和整体发展提供坚实的支撑和保障。

因此，各类型企业都应当深刻认识提升运营效率的重要性，并积极思考和探索如何通过优化管理策略实现这一目标。这不仅有助于企业在激烈的市场竞争中立于不败之地，更能推动企业走向更加稳健、高效和可持续的发展道路。

二、影响企业运营效率提升的管理因素

1. 管理制度建设状况不理想

如果从提升企业运营效率的角度出发，我们不难发现许多企业存在着管理不规范的问题。特别是中小型企业，管理不规范已经成为制约其发展和运营效率提升的关键因素。国有企业虽然在股份制改革的过程中，融入了市场化管理理念，但在管理制度建设方面仍存在不足。许多企业的制度执行力度不够，导致管理效果大打折扣，影响了运营效率的提升。而民营企业，由于过度追求利润，往往忽视了管理制度建设，导致管理活动难以有序进行。

2. 整体管理缺乏系统规划

在企业追求运营效率提升的过程中，尽管许多企业已经在管理上投入了大量精力，并在不同层面进行了各种尝试，但整体管理缺乏系统规划的问题仍然十分突出。

管理是一个复杂且动态的过程，涉及管理资源的整合、配置以及具体管理活动的组织与开展。特别是大型企业，其组织架构庞大、业务范围广泛，因此需要兼顾的管理事项就更加繁多。然而，长期以来，许多企业并没有形成对整体管理进行系统规划的良好习惯，导致管理活动往往显得机械而缺乏灵活性。当以运营效率提升为目标开展管理活动时，系统规划就非常重要了。

3. 内部管理缺乏重点

在企业追求运营效率提升的过程中，内部管理缺乏重点的问题也非常普遍，这不仅降低了管理的有效性，也阻碍了企业运营效率的提升。效率，作为衡量资源使用效果的关键指标，对于企业而言至关重要。从管理角度出发，高效的管理意味着能够精准地运用有限资源实现管理目标。然而，现实

情况却是，许多企业在内部管理上缺乏明确的重点，没有有效地区分管理的主次，导致管理效率低下。管理资源的有限性是企业必须面对的现实。特别是在控制管理成本和运营成本的压力下，如何合理配置管理资源成为企业面临的重要挑战。当管理事务繁多而资源有限时，缺乏重点的管理方式会导致资源分散，难以形成合力。这不仅会浪费宝贵的资源，还会使企业在关键领域的管理上失去优势。

4. 管理信息化建设状况不理想

站在提升企业运营效率的视角来看，大部分企业在管理活动的开展上缺乏有效创新，管理信息化建设状况不理想。在互联网时代下，信息技术已经渗透各个行业，成为推动行业发展的重要力量。对于企业管理而言，“互联网+”管理已经成为一种趋势，它代表了信息技术在各项管理活动中的广泛应用。然而，遗憾的是，大部分企业缺乏管理信息化建设意识，由于传统管理方法在一定程度上能够满足日常管理的需求，许多企业对结合信息技术进行管理创新的积极性并不高。在这种状况下，企业内部多项管理活动的开展效率往往处于较低水平。企业的许多管理工作过于依赖管理人员的个人经验和能力，缺乏科学、系统的管理工具和手段。这不仅增加了企业管理成本，也限制了企业运营效率的提升。

三、以企业运营效率提升为目标的管理策略

1. 强化管理制度建设与实施

以运营效率提升为核心目标的管理实践，首要任务是融入内部控制思维。在内部控制视角下，我们必须强化管理制度的建设与实施，以此构建规范化的管理环境，进而推动企业运营效率的持续提升。

以某大型集团企业为例，该企业在2022年对集团内部管理制度进行了全面而深入的调研。通过这一调研过程，企业发现了部分管理制度与实际管理活动之间存在的不协调之处。基于这些问题，在核心管理层统一领导下，各职能部门积极参与，进行了广泛而深入的管理制度改革。在新的制度体系

中，不同层面的管理制度均包含清晰的权责关系、具体的管理内容、明确的管理原则以及科学的评价标准等模块。这样的制度设计使得各项管理活动能够有章可循、有序开展。正是由于该企业立足实际，进行了科学、完备的制度建设，各项管理活动才能规范化开展。与以往相比，该企业的运营效率得到了显著提升。

对于一般企业而言，为了更有效地提升运营效率，同样需要将内部控制视角下的管理制度建设作为基础，通过构建完善的管理制度体系，明确管理活动的权责关系、内容、原则和评价标准，为管理活动的规范化开展提供有力保障。

2. 围绕运营效率提升做好管理规划

在现代企业中，运营效率的提升已成为企业持续发展的关键要素。为了实现这一目标，对管理活动进行系统的规划显得尤为重要。依托科学的规划，企业可以更好地驱动各项管理活动的开展，从而提升运营效率。管理规划不仅是简单的任务分配和资源配置，更是对企业运营活动的全面审视和优化。通过系统评价和分析，企业可以发现固有的流程缺陷和管理不足，进而制定针对性的优化措施。这些措施可以涵盖人员配置、流程改进、技术应用等多个方面，以确保企业运营的顺利进行。

将运营效率提升理念融入管理规划后，具体的管理规划方案将更具可操作性和可实施性。这意味着管理规划不再是纸上谈兵，而是能够切实指导企业运营实践。动态的管理过程将与运营产生更为密切的联系，确保管理活动能够紧密围绕运营效率的提升展开。

当然，管理规划方案的实施并非一蹴而就。为了确保方案的顺利推进，企业需要关注方案的实施过程，及时发现问题并进行调整。此外，企业还应建立相应的激励机制，以鼓励员工积极参与管理规划方案的实施，共同推动企业运营效率的提升。现代企业管理往往是多个层面的管理同步进行。因此，每年年初，企业应当系统地进行管理规划，确保制定的管理规划方案能够与各层面管理活动的开展一致。这样，企业才能在激烈的市场竞争中保持领先地位，实现持续、稳健的发展。

为了增强管理规划的有效性和针对性，企业可以采取以下措施。

（1）强化数据驱动。运用数据分析工具对运营数据进行深入挖掘和分析，及时发现运营过程中存在的问题和瓶颈，为管理规划提供数据支持。

（2）跨部门协作。加强部门间的沟通与协作，确保管理规划方案能够覆盖企业运营的各个方面，形成合力推动运营效率的提升。

（3）员工培训。定期组织员工培训，提升员工的管理水平和业务技能，为管理规划方案的实施提供保障。

（4）创新管理理念。关注国内外先进的管理理念和管理实践，及时引入并应用到企业管理中，为企业运营效率的提升注入新的动力。

3. 提升财务管理的地位

企业应将财务管理置于核心地位，并基于业财融合理念，将财务管理作为企业内部控制的有力工具。通过对预算与实际执行情况之间的差异进行分析，企业能够及时发现财务管理中的问题及运营中的短板。以财务管理为核心，构建健全的财务内部控制体系后，企业便能在业财融合的基础上进行更加科学的决策，助力企业运营效率的提升。

4. 持续推动管理信息化建设

正如前面所说，“互联网+”管理已成为一种趋势，企业若想通过管理手段提升运营效率，就必须重视企业管理的信息化建设。以生产制造型企业为例，企业应引入自动化系统对产品生产流程进行精细化管理，逐步加大自动化设备的投入和应用力度，使信息技术在生产管理的各个环节中发挥更大的作用，从而提升生产管理效率。对于建筑企业而言，采用ERP（企业资源计划）系统对各项管理活动进行系统化、信息化的规划与实施，无疑是一项明智的决策。ERP系统集成了多种管理模块，这些模块与现代建筑企业的多样化管理需求高度契合。此外，建筑企业还可以借助建筑信息模型（BIM）技术进行项目设计和建设管理，通过三维可视化手段进一步提高管理效率。

当前，在企业各类管理活动的信息化进程中，市场上涌现出众多高效、专业的技术、系统和软件供企业选择。通过合理应用这些先进工具，企业能够显著提升管理效率，进而直接推动整体运营效率的提升。

各类型企业应高度重视运营效率的提升，将其作为管理层面的核心目标，并围绕这一目标开展一系列切实有效的管理实践。在实施过程中，虽然动态管理不可避免会面临各种问题，但企业仍需建立健全评价机制，以实时追踪管理活动的执行情况，并评估策略选择的实际效果。通过不断识别问题、解决问题、优化管理策略，企业可以确保管理实践的质量，从而为运营效率的提升提供强有力的保障。

第四节　成本控制、盈利能力提升的管理策略

在当前市场竞争日趋激烈的环境下，成本控制与盈利能力提升已成为企业快速发展的关键所在。成本控制旨在将生产成本降至最低，而盈利能力提升则是企业长期发展的重要保证。

一、建立成本控制系统

成本控制是企业管理中至关重要的一环，它直接关系到企业的盈利能力和市场竞争力。一个科学、精细的成本控制系统能帮助企业精准掌控生产过程中的每个环节，减少不必要的资源浪费，降低成本增长的风险。这不仅能提升企业的整体运营效率，还能使企业在激烈的市场竞争中占据有利地位。

预算策划则是成本控制的基石。通过精心策划预算，企业能够预先估算和规划未来的成本支出，从而确保资源的合理配置和高效利用。在制定预算策划时，企业需全面考虑市场需求、原材料价格波动、人工成本增长等关键因素，并结合企业的长期战略规划，确保预算方案的实用性和前瞻性。这样，企业就能在掌握未来成本走向的同时，为实现战略目标提供有力的财务支持。

此外，成本控制系统需要包含严格的审核和监督环节。在成本控制执行过程中，企业应对各项成本进行细致的审核和监督，确保成本的真实性和合

理性。通过定期的成本审计和内部控制，企业能够及时发现并解决成本控制中存在的问题，防止成本失控和浪费。在执行成本预算时，企业还应根据实际情况对其进行灵活调整和优化，确保成本控制的适应性和有效性。

同时，企业还应建立完善的成本核算体系和成本分析制度。通过数据分析和比较，企业可以全面了解成本情况，为决策提供有力的数据支持。这不仅有助于企业更好地掌握成本信息，还能为企业的战略规划和决策提供科学依据。

更重要的是，成本控制不仅仅是一种管理工具，更是一种企业文化。企业应积极营造全员参与成本控制的氛围，鼓励员工积极参与成本控制工作，形成全员参与成本控制的良好风气。只有这样，企业才能真正实现成本控制的目标，提高整体效益，从而在激烈的市场竞争中立于不败之地。

构建成本控制系统的核心包括明确成本控制目标、建立健全成本控制制度及设计成本控制流程。

明确成本控制目标，即明确企业期望通过成本控制达到的具体成本水平，成本控制目标应该与企业的战略目标紧密相连，确保成本控制与企业的长期发展目标相协调。

一个健全的成本控制制度能够为成本控制工作提供指导和保障，确保各项成本控制措施得以有效执行。制度中应包括制定成本控制策略、明确成本控制的标准和程序，以及划分成本控制的责任和权限等内容。

在成本控制策略的选择上，企业应根据自身资源、市场地位和竞争优势综合考虑。常见的成本控制策略包括成本领先策略、差异化策略和集中化策略。成本领先策略通过降低生产成本，使企业在行业中具有价格优势；差异化策略通过产品创新和优质服务，提高客户对产品的认可度，进而增强企业的盈利能力；集中化策略则通过整合企业资源，实现规模经济，降低单位成本。

此外，企业应建立健全数据采集机制，确保成本数据的准确性和完整性。数据采集应覆盖原材料采购成本、生产成本、销售成本、管理费用等。基于这些数据，企业可以进行深入的成本数据分析，通过描述性分析、因果分析、时间序列分析等方法，找出成本波动的原因，为成本控制提供有力依据。通过对成本数据的深入分析，企业可以发现潜在的成本节约机会，进而制定具有针对性的成本控制措施，提高成本控制效果。

二、优化采购管理

采购成本是企业运营成本的重要组成部分，它直接关系到企业的盈利能力和市场竞争力。因此，优化采购管理成为企业控制成本、提升经济效益的关键手段。为了有效实现采购管理的优化，企业需要从多个方面入手，形成全面而系统的采购管理体系。

首先，稳定的供应商体系不仅能够确保采购物资的质量和供应的稳定性，还能为企业带来采购成本的长期优化。在选择供应商时，企业应全面评估供应商的信誉、产品质量、价格水平、交货能力等因素，优先选择具有良好信誉和稳定品质的供应商，与其建立长期合作关系。同时，企业应建立供应商评价体系，定期对供应商进行评估和审核，确保供应商始终保持最佳状态。

其次，合理制定采购计划，是避免采购过量，减少浪费的关键环节。企业应对采购物资进行详细的需求分析，根据生产计划和销售计划，合理预测采购需求，并制定相应的采购计划。企业在制定采购计划时，要充分考虑物资的库存情况、使用频率、保质期等因素，避免盲目采购和过量库存，从而减少资金占用和浪费。

最后，通过谈判、议价等方式优化采购成本，增加企业利润，这是采购管理优化的直接体现。在与供应商进行谈判前，企业应充分了解市场行情和竞争对手的采购策略，运用自身的采购规模和谈判技巧，争取更有利的采购价格和条款。同时，企业还可以通过采取集中采购、长期合同签订等方式，增强采购议价能力，进一步降低采购成本。

除了以上三个方面，企业还可以通过引入先进的采购管理系统和技术手段，如电子化采购平台、供应链管理系统等，提高采购管理的效率和准确性，进一步控制采购成本。此外，加强采购人员的培训和管理，提升采购团队的专业素养和职业道德，也是保障采购管理优化的重要因素。

三、提高生产效率

生产效率是企业控制成本的关键，提高生产效率可以降低生产成本，增加生产效益。企业可以从以下几个方面提高生产效率。

1. 优化生产流程与工艺

企业应不断审视自身的生产流程，剔除不必要的环节和减少浪费，实现生产流程的简洁、高效。企业也可以通过改进生产工艺，降低生产成本，提高产品质量和生产速度。具体措施包括简化生产指令、缩短物料运输距离、减少生产等待时间、降低废品率等。通过优化生产流程与工艺，企业可以实现生产效率的持续提升。

2. 引入先进生产技术与设备

在追求生产效率的道路上，企业不能忽视先进生产技术与设备的重要性。企业引入先进的生产技术和设备，不仅可以提高生产速度，降低员工劳动强度，还能提升产品质量和降低人力成本，从而实现整体生产效率的提升。

为了更好地引进先进生产技术和设备，企业应采取以下措施：一是建立一支专业的技术团队，该团队主要负责关注行业发展动态，了解和掌握最新的生产技术。它要与企业内部的其他部门保持紧密沟通，确保企业能够及时了解和引入先进的技术和设备。二是加强与国内外科研机构、高校和专业机构的合作，获取前沿的生产技术。

企业在引入先进生产技术时，要充分考虑技术的适应性和可行性，并根据自身的生产需求和条件，选择最适合的生产技术。同时，企业还需对现有设备进行定期维护和升级，确保生产设备的性能和效率始终保持最佳状态。

3. 提高员工技能水平和综合素质

员工技能水平和综合素质的提升是企业提高生产效率的关键因素。企业应关注员工的职业发展，为其提供充足的培训和学习机会。这些培训不仅应包括生产技能，还应涵盖团队合作、沟通表达等多方面的能力。企业可以采取以下几种方式对员工进行技能提升培训：一是内部培训，企业可以根据自身需求，开展针对性强的内部培训课程，让员工在实际操作中不断提升技能；二是外部培训，企业可以组织员工参加行业内的专业培训，让员工学习最新的生产技术和理念；三是岗位交流，企业可以鼓励不同岗位员工之间进行交流、学习，提高员工的综合能力；四是鼓励员工自主学习，企业可以为员工提供学习资源和平台，鼓励员工利用业余时间自我提升。

4. 提高企业信息化管理和数据分析能力

提高信息化管理与数据分析能力也是提高企业生产效率的重要手段之一。企业应充分利用现代信息技术，实现生产数据的实时采集、传输和分析。通过对生产数据的挖掘和分析，企业可以发现潜在的生产瓶颈和问题，为生产改进提供有力支持。此外，信息化管理还可以提高企业决策效率，为企业发展提供有力保障。

四、积极推行精益生产

精益生产是企业提高生产效率和降低成本的有效途径，企业应从以下几个方面推行精益生产。

1. 优化生产流程，消除浪费

企业应深入分析生产流程中的各个环节，找出浪费行为和发展瓶颈，并采取有效的措施进行改进。例如，通过引入自动化设备和智能化技术，减少人工干预和操作，提高生产效率和准确性。同时，企业还可以采用精益生产中的“5S”管理方法，即整理、整顿、清扫、清洁和素养，使生产现场更加整洁、有序，为生产流程的优化提供良好的环境。

2. 开展员工培训，提高员工技能和素质

企业应注重提高员工的技能和素质，通过培训和教育，使员工更好地理解和掌握精益生产的理念和方法。培训内容包括精益生产、生产流程优化、质量

控制等方面的知识和技能。同时，企业还可以引入激励机制，鼓励员工积极参与精益生产的实践和改进，形成全员参与、持续改进的良好氛围。

3. 推进质量管理

企业应建立完善的质量管理体系，确保产品质量的稳定性和可靠性。通过加强原材料检验、生产过程控制和成品检验等环节，及时发现和解决质量问题，提高产品的竞争力。同时，企业还应注重质量文化的建设，培养员工的质量意识和责任感，形成全员关注质量、追求卓越的良好氛围。

在实际推行精益生产的过程中，企业还需要注意以下几点。

（1）树立正确的精益生产理念，明确精益生产的核心价值和目标，避免形式主义。

（2）加强组织领导，建立专门的精益生产推进团队，确保各项措施的有效实施。

（3）注重数据分析和绩效评估，通过收集和分析生产数据，评估精益生产的成果和效益，及时发现和解决问题。

（4）加强与供应商和客户的沟通和合作，共同推进产业链的优化和协同发展。

五、提高销售效率

提高销售效率可以帮助企业降低销售成本和提高销售利润。为了提高销售效率，企业应采取以下策略与方法：首先，确定明确的销售目标和计划，确保销售人员能够聚焦并高效完成任务。其次，优化销售流程，消除不必要的环节，提高整体运作效率。此外，运用科技手段提升销售效率也是至关重要的，企业可以借助客户关系管理系统，实现客户信息、销售数据和业务的全面整合，从而提高销售人员的工作效率。

优化销售流程的关键环节包括：完善客户资料管理，确保信息的准确性和完整性；简化报价和采购流程，提高成交速度；加强售后服务，提升客户满意度和忠诚度。通过不断优化这些环节，企业可以进一步提高销售效率。

在销售团队的管理与激励方面，企业应注重培养具备专业技能和良好沟通能力的销售人员，设立明确的业绩目标和奖惩机制，激发销售团队的积极性。此外，企业还应关注销售团队的心理健康和职业发展，为其提供必要的培训和支持。

客户关系管理是现代企业销售策略的核心部分，它通过运用先进的技术和策略来提升企业与客户之间的互动效果。通过CRM系统，企业可以更好地了解客户需求，精准定位客户群体，并制定出具有针对性的销售策略。此外，CRM系统还能有效整合企业内部的客户数据，提高企业数据分析和应用的能力，从而为企业决策提供有力的支持。更进一步，CRM系统可以实现客户信息的统一管理，提升企业对客户的服务质量，提高客户满意度和忠诚度。在我国，许多企业已经意识到CRM系统的重要性，并积极投入资源进行CRM系统的实施和应用。

在现代企业中，跨部门协作已成为提升销售效率的关键因素。通过加强跨部门协作，企业可以提高资源利用率，减少重复劳动，从而提升销售效率。为了实现高效跨部门协作，企业可以建立一个信息共享平台，如企业内部网站、邮件系统等，以便各部门能够及时了解彼此的工作动态和客户需求。企业还可以设立专门的跨部门协调岗位，由其负责推动和监督各部门之间的合作，确保销售流程的顺畅进行。除此之外，企业可以定期召开跨部门会议，让各部门能够深入交流、探讨销售过程中遇到的问题，共同寻求解决方案。随着市场环境的不断变化，企业应适时调整和优化销售策略。这包括：分析市场趋势，推出符合市场需求的产品和服务；调整定价策略，提高价格竞争力；加强渠道拓展，提高市场覆盖率。通过不断调整和优化销售策略，企业可以进一步提高销售效率。

综上所述，成本控制和利润提高是企业成功发展的关键。企业应根据自身的情况，积极实施上述管理策略，并不断总结和改进。不断优化成本结构、提高生产效率和销售效率、加强财务管理、积极推行精益生产，才能让企业在激烈的市场竞争中获得更大的发展空间和长期利润保障。

第四章

04

整合资源　强化核心竞争力

第一节　技术开发与合作创新

一、技术开发

技术开发在增加企业经济效益和提升产品核心竞争力方面扮演着至关重要的角色。目前，企业普遍面临资金短缺和效益低下的挑战。虽然这些问题在表面上似乎与改革中的结构性问题有关，但深入分析后，我们不难发现，这些问题的根源在于企业的技术开发能力。因此，加强技术开发，是企业提升经济效益和产品竞争力的关键。

1. 正确处理企业技术开发的几个关系

技术开发的含义十分广泛。在科研管理中，它是指基础研究、应用研究之后的发展研究阶段；从国家宏观经济角度出发，它是指科学技术的发现和发明转化为社会生产力的全过程；从企业角度出发，它是指对企业中首次应用或出现的新技术所开展的一系列活动，主要是以市场为导向的技术经济活动，它包括产品创新、工艺和设备创新等一系列创新活动。企业不可能也不能从事广义的技术开发，只能在充分掌握世界、国内、行业科技情报的基础上有选择性地将基础研究和应用研究成果应用于本企业。因此，企业应正确处理企业技术开发的几个关系。

（1）正确处理技术开发与技术改造的关系。

企业的技术开发与技术改造是紧密联系的，技术改造一般是技术开发成果的综合应用，以达到从根本上改变企业的生产技术面貌的目的。从这个意义上讲，技术开发是技术改造的前导，技术改造是技术开发的后续。企业应适时地、有选择性地将广义的技术开发、狭义的技术开发成果应用于企业技术改造中，使之成为现实生产力。

（2）正确处理技术开发与资金投入的关系。

企业技术开发是带有试验性质的，不可避免会有资金投入风险，很多企业因为惧怕风险而不愿投入。在旧的企业会计制度中有一个规定，企业应根据不同行业类型，从产品销售收入中提取1%～5%作为技术开发费用（高科技企业为10%），但随着新的企业会计制度取消该规定，以及企业自主权的扩大和经济效益的下滑，我国达到或超过该标准的企业数量有不断减少的趋势，与美国企业每年新产品研制费占销售收入的8%相比相距甚远。技术开发资金投入少，严重影响了企业的创新能力和可持续发展。

（3）正确处理技术开发与技术引进的关系。

根据我国当前的科技水平与企业技术开发能力，优先推进技术引进工作显然是一条高效、经济、快速的发展路径。通常情况下，自主研发一项重大技术需要耗费大约10年的时间才能将其投入生产，而引进技术则仅需2～3年。引进技术只是第一步，后续还需对其进行消化、掌握、吸收和完善，即进行二次技术开发，使其转化为具有自主知识产权的独特技术。战后，日本就是采用这种方式发展经济，从而使自己在短短的20年时间内发展成为世界第二大经济强国。因此，技术引进是技术开发工作的有机组成部分，或者说是一种开发方法。

2. 对技术开发的建议

企业在进行技术开发的时候务必要做到以下几点。

（1）对现有技术进行全方位的搜集，包括市场产品信息、知识产权信息、公开文献以及其他相关信息，并对项目产品进度、 技术发展情况、知识产权信息以及竞争对手情况进行梳理、分析。

（2）进行信息采集和信息分析，以此为研发基础制定相应的知识产权规划。

（3）随时对技术开发过程中产生的或者可能产生的知识产权进行跟踪和监控，必要时及时调整研发策略和研发内容，尽量规避侵犯他人知识产权的风险。

（4）对技术开发过程中产生的信息即时汇总并形成相关记录，对研究成果做到有据可查。

（5）对技术开发成果及时进行评估确认，明确权属问题及保护方式，适当的时候通过知识产权申报保护研发成果。

（6）对整个技术开发过程的材料记录进行妥善管理，研发成果信息涉及技术秘密的必须实施严格的保密管理，以防止技术流失，避免不必要的损失。

在进行技术开发的过程中，企业要处理好技术开发的几个关系，积极汲取他人的优秀成果，规避侵犯他人知识产权的风险。我们不仅要进行创造性的发展，也要勇于开辟新的道路，以卓越的产品、领先的技术和科学有效的管理为企业的核心竞争力，追求“人无我有，人有我精”的差异化竞争策略，为企业不断注入新鲜活力，保持持续进步。

二、合作创新

1. 合作创新的内涵与优势

合作创新是指企业间或企业与科研机构、高等院校之间的联合创新行为。合作创新通常以合作伙伴的共同利益为基础，以资源共享或优势互补为前提，有明确的合作目标、合作期限和合作规则。合作各方在技术创新的全过程或某些环节共同投入、共同参与、共享成果、共担风险。合作创新一般集中在新兴技术产业和高新技术产业，以合作进行研究开发为主要形式。

合作创新使得独立的经济组织之间以同类资源共享或异类资源互补形成共生体，共生体内部或外部的直接或间接的资源配置效率的提高产生共生经济。共生经济既带来合作组织效益的增加，又带来社会福利的增长。因此，合作创新具有明显的优势，具体表现为以下几点。

（1）合作创新有助于提升创新效率和成功率。高新技术创新往往涉及多个科技领域，单一企业难以全面掌握所需的技术知识和人才，以及完整的创新资源。技术知识、人才不足或资源短缺可能成为制约企业进行重大技术创新的关键因素。通过合作创新，各单位可以整合各自的优势技术和资源，实现资源共享和互补，形成研究与开发的规模优势。这不仅有助于消除创新过程中的瓶颈，确保技术创新的顺利进行，还能显著提高创新的成功率。此外，合作创新还能根据各方的技术优势进行合理分工，使传统技术创新的线性渐进过程转变为各阶段同步进行，从而大幅缩短创新周期。因此，合作创新有助于企业迅速掌握新技术，降低因技术更新速度加快而带来的创新风险。

（2）合作创新是一种建立在各参与主体优势资源、技术与能力互补基础之上的创新组织模式，它为企业间的知识流动和技术学习提供了有效途径。通过参与合作创新，企业可以获取到自身范围以外的技术专长和合作伙伴特有的知识，包括创新经验和企业核心能力等，这对于提升企业的技术水平和核心竞争力，增强企业市场竞争力有重要意义。因此，合作创新不仅有利于企业的技术学习和能力提高，也是推动企业持续创新发展的重要手段。

（3）企业合作创新的目标通常围绕具体的市场需求展开，通过共同投入和资源共享，充分利用各方技术和资源优势开展研发工作。这种合作模式使创新成果的预期市场效益更为明确，从而便于企业对创新的风险和潜在收益进行评估，进而激发其创新热情。此外，合作创新还有助于消除企业间的重复性研发，防止无效的投资竞争，进而降低创新风险，增强企业的创新动力。通过合作创新，企业能够更有效地管理和利用技术溢出效应，降低因技术市场交易不足而引发的负面影响，进一步激发企业对技术创新的投入热情。

（4）有利于企业获取新市场。近年来，世界经济呈现出明显的区域一体化趋势。区域一体化能促进区域内经济资源的流动，也会形成阻止区域外企业进入的保护性壁垒。对于一个区域内的企业来说，合作创新有利于共同开发区域内市场；对于区域外企业来说，与区域内企业合作创新有助于其进入该区域市场，打破区域一体化形成的无形壁垒。合作创新为企业减少竞争，拓展产品范围，开发新市场，提供了一条有效的途径。

2. 合作创新成为企业技术创新新潮流

近年来，企业间的合作创新已逐渐成为技术创新和发展的重要组织模式，全球企业界正经历着一波持续的合作创新浪潮。这种趋势的形成有其深刻的原因，具体如下。

（1）合作创新是企业技术创新的必然趋势。

当今世界技术创新活动日益呈现新的特点：一是技术创新的投入高，风险大。比如一块复杂的高性能芯片，其研发成本可能就高达数十亿美元，而且这是一项系统工程，其中包括新构思的形成、技术的研究与开发、产品的生产直至成功商业化全过程，整个过程链条长，不可预测因素多，因而风险较大。二是技术的综合性和集群性越来越强。高新技术一般都是边缘性技术，而技术创新需要多方面技术知识的协同，一项创新的实现往往依赖于相关创新的突破和带动，从这个意义上来说，合作创新是社会分工的必然结果。三是技术的更新换代速度加快。有关统计资料显示，现在每年技术的淘汰率为20%，甚至有的技术的寿命仅为几个月。技术创新的这些特征使得企业单独的自主创新面临着较大的研发成本上升压力和创新失败风险。因此，通过企业各部门与外部的市场和各类实体紧密联系，集中使用一切社会资源，使外部资源内部化，实现资源的共享和优势互补，正成为新形势下企业技术创新的趋势。另外，技术更新的加速推动产业更替和新产业形成的速度不断加快，随着产业和技术的快速转换，相关的成本也在持续上升。合作创新有助于企业打破产业壁垒，以较低的成本进入新产业。

（2）合作创新是企业最佳的创新方式。

技术从本质上来说是一种商品，技术商品的特殊性决定了它与其他一般商品相比存在以下差异：一是技术是一种无形产品，由于购买者对技术本身和交易伙伴的技术能力很难做出准确评价，技术所能带来的绩效存在着高度的不确定性，也就是说很难对技术的质量做出评价；二是技术交易是一种专业知识的交易，参加交易的人数有限，技术溢出效应现实存在而且存在可能性很大，技术的扩散很难控制，所以在交易过程中存在着很强的机会主义倾向。技术商品的这些特殊性决定了它是一种具有高额交易成本的商品，而且技术交易具有不稳定性。因此，市场交易方式不是技术交易的最佳途径。技术溢出效应的存在容易产生技术创新上的“搭便车”现象，妨碍创新企业和技术购买企业的创新积极性，易导致企业创新需求不足现象的出现。而建立在信任基础上的互惠互利、共担风险的合作创新有助于创新过程各环节的一体化，使各环节之间的物质、知识和信息由市场不稳定交易变成完全内部化的交流，降低创新各环节之间的交易成本。同时，合作组织的内部反馈系统保障了创新成果的质量，也有利于参与企业更好地消化和吸收新技术，从而降低由企业本身对新技术吸收消化能力不足带来的新技术绩效下降的风险。

（3）经济全球化的趋势决定了企业必须进行合作创新。

首先，全球研发一体化要求企业进行合作创新。随着全球化竞争的日益激烈，一个企业要保持自己的竞争优势，就需要在全球范围内组织研究开发和生产，这是因为研发的当地化可使创新更贴近市场需求，创新成本易获得补偿。因此，技术创新也呈现出全球研发一体化的发展趋势，这在一定程度上促进了企业界合作创新的发展。其次，全球化的产品市场基本特征使得企业必须通过合作创新保证标准化的生产。市场全球化的3个基本特征是产品标准化、技术与生产工序的标准化以及消费者偏好的趋同。这些特征促使企业通过合作创新形成统一的技术或产品标准，组织生产。这也有利于配套技术或产品的发展，可提高创新成果对市场的适应性，有利于拓展市场渠道，缩短成果的市场化周期。

（4）现代企业的生产方式变革使得企业间的合作创新成为必然。

现代企业生产方式正由大规模生产向大规模定制转变，企业间的分工进一步细化并增多。在大规模定制中，小批量、快节奏、无存货的弹性专精的生产体系替代了传统的大规模生产体系，传统的垂直一体化被“分包制”等形式的垂直分解取代，出现了主导产品生产的核心企业与大量配套部件生产企业共存的局面。企业之间的专业化分工程度加深，企业之间的依赖也随之加强。生产链上不同分工者对知识及技术掌握程度的加深和掌握广度的减小使得他们在创新时必须强调彼此之间的协作，否则很难进行有效创新。因此，对于技术创新的实现而言，专业化分工的深化导致企业之间合作创新的必要性增强。

3. 企业进行合作创新的策略

目前，制约我国企业进行合作创新的因素有：一是政府对企业之间形成的专业化分工与合作网络未能发挥良好的引导作用，企业之间合作创新缺乏政策的支持和法律的保障；二是没有健全的信用评估机制，企业之间互不了解，缺乏信任；三是社会文化环境方面，过分强调企业之间的竞争对立性，企业之间缺乏联系与沟通；四是可以作为不同创新主体之间沟通桥梁的中介机构未充分发展，企业的合作创新缺乏中介机构的沟通和促进。针对这些问题，可以实行以下策略推动企业合作创新的发展。

（1）充分发挥政府作用，促进企业合作创新。

政府对于促进企业合作创新的发展有着重要的作用。宏观方面，政府可以诱导和鼓励企业进行合作创新，为企业的合作创新创造有利的发展环境，制定相关的优惠政策和法律制度，完善技术产权制度，保障合作创新成员的权益，提高企业参与技术创新的积极性。微观方面，政府应对企业合作创新起监督和协调作用，促进合作创新高效和持续开展，为创新的成功提供保障。合作创新是建立在分工基础上的一种自发性行为，应由企业按照现代市场机制在资源分析的基础上选择合作成员、合作方式、合作途径。

（2）科研机构需为企业提供创新支持。

科研机构在企业合作创新中扮演着至关重要的角色，特别是在基础研究方面。基础研究是科技创新的基石，提供了创新的科学理论基础。现代技术创新绝大多数源于科学理论的原始创新，这些创新往往是长期研究的成果，需要大量的资金投入和高度专业化的科研人员。

由于基础研究通常不直接产生经济效益，且研究成本高昂，企业从经济角度出发往往难以承担这样的长期投资。因此，国家层面的介入变得至关重要。国家有能力组织专门的科研机构，根据全球科技发展的趋势，对前沿科学领域进行深入研究。这些研究不仅为企业提供了技术创新的理论基础，也是推动高新技术产业发展的关键。

科研机构可以为企业提供创新支持，帮助企业在高新技术领域实现突破，推动产业升级和经济增长。

（3）鼓励企业组成技术联盟，建立合作创新组织。

对有共同研究目标和需求的企业，鼓励它们组成技术联盟，建立以市场为导向，以技术创新为目标，以网络合作为特点，以合同契约为保证的集中合作研发实体。集中合作研发实体由各成员企业的高级管理人员组成协调管理委员会，各成员企业的高级技术专家组成技术咨询管理委员会。管理委员会负责合作各方的协调工作，主要目的是建立创新过程监测和应变机制，协调各方利益，减少各成员之间的摩擦，提高各方的合作效率，降低合作创新的交易成本，提高创新的成功率，缩短创新时间。集中合作研发实体应由企业按照市场机制，在完全自愿的基础上进行组合形成。政府和其他组织不能采取强行搭配的方式干涉合作创新组织的建立。合作单位的组合一般要满足四个条件：一是有共同的兴趣和利益：二是有独到的技术能力并且合作成员的资源有较好的互补性；　三是合作创新的成员对所确定产业的发展能产生显著影响，一般是市场占有率较高的企业；四是具有承担各项合作创新任务的能力，包括财务能力和技术能力等。对于其他不具备以上条件，又对合作创新的项目有需求的企业，可以让它们按一定的比例出资成为合作创新的会员或股东，享受优先购买和使用创新成果的权利。

（4）建立健全创新收益和风险的分配机制。

合作创新组织的高效运作与持续发展，以及创新成功的保障，关键在于妥善解决知识生产的收益界定、分配及风险分担问题。解决这些问题需遵循以下三大原则：一是对称性原则。对称性原则要求合作创新企业各方的收益与其投入规模、结构及承担的风险保持对称关系，即投入越大、风险越高，所分摊的收益亦应相应增加。二是前置性原则。前置性原则强调参与合作的企业在合作之初应通过协商，在各方自愿的基础上，预先确立合作创新项目的利益分配和风险分担方式，并以协议形式予以明确。三是兑现原则。兑现原则规定，合作创新组织成员在技术创新中无论是取得成功获得收益，还是遭遇失败面临风险损失，均须按照预先的约定履行收益分配和风险分摊责任。

（5）合作创新的技术项目选择应具有前瞻性。

经过审慎评估，合作项目的选择应以推动产业技术进步的关键及前沿技术为核心。这些技术需具备广阔的市场潜力，成为合作各方共同的战略焦点，其创新成果应能够促进并引领其他相关领域的进步与革新。在具体合作范畴上，合作创新应聚焦于创新的前期阶段，即项目的应用研究与开发研究。至于创新技术的工程化实施及产品的商业化运作，则由各参与企业独立负责，旨在实现产品差异化，避免合作创新组织对市场形成不当垄断。

（6）为企业的合作创新建立良好的社会环境。

在社会文化环境方面，需要建立正确的竞争与合作的关系。竞争与合作是一对矛盾体，它们既对立又统一。因此，良性竞争而非绝对对立，应成为企业间的常态。在竞争中，企业亦应寻求协同合作的可能性。同时，为了推动企业的技术创新，政府应构建完善的服务体系。其首要任务是建立健全信用评估机制，通过客观评价，确保各主体间的合作建立在信任基础之上，这有利于增强沟通，降低交易成本，进而确保合作创新的成功。此外，中介机构的发展亦至关重要。目前，我国的中介机构存在诸多不足，如运行机制陈旧、服务质量差、自律性不强、缺乏竞争力等，这限制了其在企业合作创新中的桥梁作用。现阶段，政府机构在我国企业合作中扮演着主要角色，但这种方式带有行政干预性，不符合市场化组织的要求，不利于合作创新的组织与发展。中介机构是企业之间进行合作创新的桥梁，其健康发展有助于促进合作创新。因此，政府应加强对中介机构发展的支持，建立法规政策体系，加强市场培育，同时从宏观角度加强对中介机构的规范管理，提升其素质与自律性，以推动其健康发展。

4. 经典案例：瑞幸咖啡与茅台的跨界联名营销

跨界联名营销近年来已成为品牌间竞相尝试的新型营销方式，其成功案例不胜枚举。这种营销方式通过不同品牌之间的合作，将各自的优势资源进行整合，创造出具有独特魅力和吸引力的联名产品或服务，从而吸引更多消费者的关注和购买。同时，跨界联名营销还能增强品牌之间的关联性和互补性，提高品牌的市场影响力和竞争力。

瑞幸咖啡与茅台在2023年9月共同策划了一场前所未有、震撼业界的跨界联名营销活动。

茅台，作为白酒行业的翘楚，以其无与伦比的品质和“国酒”的尊贵身份，赢得了无数消费者的青睐；而瑞幸咖啡，作为本土咖啡界的璀璨明星，凭借其独特的魅力与层出不穷的创新营销策略，快速崛起于市场之中。当这两大巨头携手合作，推出“酱香拿铁”时，整个市场为之沸腾。这一跨界之举，不仅打破了传统白酒与咖啡的界限，更为消费者带来了一场味觉盛宴与新品牌认知。

在“酱香拿铁”的口味上，瑞幸咖啡使用“IIAC国际咖啡品鉴大赛金奖”咖啡豆作为原料，每一杯酱香拿铁都有53度贵州茅台酒，实现了浓郁酱香与咖啡醇香的完美融合，独特的白酒风味厚奶，为消费者带来了全新的味觉体验；在产品包装上，瑞幸咖啡巧妙融合了茅台酒的元素，让每一杯咖啡都有“酒味”。每一口品尝，都仿佛是一次穿越千年的时光之旅，让人沉醉其中。

2023年9月4日，当这款联名产品“酱香拿铁”正式亮相时，其火爆程度超乎想象。首日销售额便轻松突破1亿元大关，单品销量更是高达惊人的542万杯。短短几个月，酱香拿铁的消费者数量便飙升至2500万，成为市场上炙手可热的明星产品。

瑞幸咖啡与茅台的这次营销创新主要体现在两个方面。一方面，它们以品牌联名的形式，满足了消费者对新鲜事物的追求。酒与咖啡这两个看似毫无关联的元素碰撞在一起，便产生了一种奇妙的化学反应，让消费者感到新奇、刺激，纷纷争相购买品尝。另一方面，它们充分利用信息传播的力量，通过广告、社交媒体等多种渠道，将“酱香拿铁”的独特魅力传递给更多消费者，进一步激发了他们的购买欲望。

这次跨界合作不仅展现了瑞幸咖啡与茅台在策略、创新、营销上的卓越智慧与胆识，更丰富了双方的品牌内涵，为消费者带来了全新的体验与感受。

第二节　人才引进与培养机制

一、人才引进

中国有句古训："为政之要，莫先于用人。"这句话同样适用于现代企业的运营与发展。企业的繁荣昌盛离不开优秀人才的支撑与推动。当前，众多企业正面临高级专家和技术人员退休的高峰期，这不仅对企业管理和专业技术领域的发展构成了挑战，更使得高级技术人才资源短缺。尽管我国政府的财政收入大部分来源于企业，但令人遗憾的是，企业的人才占有率却始终偏低。因此，为了保障企业的可持续发展，建立健全人才引进与培养机制显得尤为重要。

1. 设立人才资源开发部门

为了广泛吸引和留住优秀人才，企业应设立专门负责人才资源开发的部门。该部门的核心职责是有效地开发和管理企业的人才"资产"。在传统经济学中，人力资源被视为劳动力，而人才资源开发的目标则是最大化提升组织的劳动生产力。具体来说，人才资源开发部门的主要工作涉及招聘合适的人才、提升员工素质、设计激励机制，以及协调组织内部的人际关系。

如果将"科学技术是第一生产力"这一科学论断应用于人才资源开发领域，那么人才资源开发部门的核心任务便是发现和引进优秀人才。其中，发现人才意味着从企业内部挖掘潜力，将合适的人才配置到合适的岗位上；而引进人才则涉及从国内外招聘高层次的专业人士，以增强企业的核心竞争力。设立人才资源开发部门并非简单的人事劳资管理，而是企业运行机制中至关重要的一个环节。通过科学、系统的人才资源开发，企业能够确保拥有一支高素质、高效率的人才队伍，从而推动企业的持续发展和创新。

2. 制定人才规划与人才标准

企业急需五种关键人才：一是具备战略眼光和领导力的企业家，二是富有创新精神的技术专家，三是技术熟练的生产人员，四是管理才能出众的管理人员，五是市场开拓能力强的市场开发、销售人员。在当前全球化、知识化、技术革新加速和价值观念多元化的背景下，人才管理与企业成长紧密相连，因此，制定具有前瞻性和可行性的人才规划至关重要。在规划制定过程中，首要任务是深入分析企业的人才需求，确定各岗位的职责和要求。这包括对现有人才流动情况的详细考察，如预测退休或自动离职导致的自然人才流失，以及因竞争对手挖角引发的被动人才流失。同时，还要根据企业业务发展的需要，预测未来人才的需求量和素质要求。为确保人才吸纳的准确性和有效性，规划中必须明确各类人才的标准。当前，尚未形成统一或公认的人才标准，但从企业长远发展的角度出发，深入研究并确立各类人才标准是至关重要的。

（1）企业家标准。重点看他是否拥有与当前时代发展相匹配的知识体系和认知能力，尤以取得MBA（工商管理硕士）学位者为佳。须具备开拓进取精神与创新能力，企业管理经验应累积5～10年，并有卓越业绩。有适应市场经济的基本管理技能，能洞悉市场需求发展方向，能准确预测市场趋势。此外，领导与组织协调能力不可或缺，尤以指挥能力为要。亦需善于思考，具备深思熟虑与果断决策的能力。能调控企业运行全局，把握各项事务，知人善任，爱护人才。能灵活处理外部关系，有卓越的交际能力。心理承受能力强，表达能力优秀，能说会写。还须具备坚强意志与冒险精神，拥有科学分析与预测能力，以及制定战略的智慧。

（2）技术专家标准。首先，要具有正规的学历教育背景，并拥有卓越的专业技术水平；其次，需要具备领导大型项目成功的经历，并在国内或国际范围内取得杰出的科研成果，需展现出创造力、想象力和好奇心，具备攻坚克难、不达目的不罢休的精神和敏锐思维能力。应具备独特的见解和思考能力，并能够清晰、准确地表达自己的思想，使他人易于理解其意图。还需具备良好的合作精神，善于倾听和接纳他人的意见，同时能以友善的态度说服他人，展现出宽容的胸怀。此外，技术专家还需具备奉献精神，勤奋努力，并能够深入现场了解问题和寻求解决方案，具备丰富的经验和多样的方法。

（3）生产人员标准。拥有必要的专业技能和知识，能够熟练地操作生产设备并掌握工艺流程。对产品质量有强烈的责任感，始终严格按照既定的生产标准和质量要求来执行任务。在完成任务时追求高效率，致力于优化工作流程，减少不必要的浪费，从而提升整体的生产效率。在团队中展现出良好的合作精神，与同事们携手合作，共同应对并解决生产过程中遇到的各种问题。严格遵守安全生产规范，具备识别潜在安全风险并采取预防措施的能力。对学习新技能和知识持开放态度，能够迅速适应技术的进步和生产方式的变革。能够灵活适应不同的工作环境和任务需求，机智地应对生产过程中出现的各种变化。对待工作认真负责，具有主动发现问题并积极寻找解决方案的能力。

（4）管理人员标准：具有一定的组织能力与领导能力，能优化配置和利用资源；办事认真，具有与人合作、与人相处的技巧；具有强烈的成就感，积极能干，能准时完成各种任务、实现目标；思维有条理，善于计划，能协调和处理各种具体事务；具有一线业务能力，热爱一线的环境，愿意在一线工作；为人诚实，纪律性强，愿意承担责任；善于对物品与工作秩序进行管理，能使事务处于控制之中；能有效地、合理地安排每个人员的工作，能公平对待每一个人，对于违法乱纪者敢于进行制裁；对自己要求严格，愿为人师表。

（5）市场开发、销售人员标准。要对产品的特性、功能、质量水平以及各项技术指标有深入的理解；需要深刻领会市场营销理念，明确市场需求，并展现出对工作的热情和忠诚，保持高度的信誉和事业心；需具备广泛的社会关系，以便建立有效的销售网络并维持与客户的良好关系；在沟通方面，要有足够的耐心，能够清晰地、有感染力地传达各种信息；需对企业保持高度负责的态度，具备良好的职业道德，并严格遵守企业的规章制度；需具备独立工作能力，能够在面对挫折和失败时保持坚韧不拔的意志。

二、人才培养机制

人才培养机制指的是在企业现有基础上，综合运用各种方法、手段及流程，推动、协调和控制人才的发现、培养和发展。该机制旨在使人才能够清晰地了解自身的工作任务、职责和目标，并通过提升知识水平和技能，培养与企业目标相契合的素质和能力。通过这一机制，人才不仅能够最大限度地实现个人价值，同时也能够为企业创造更大的价值。因此，人才培养是一项关键的人力资本投资活动。

1. 人才培养工作存在的主要问题

（1）一些企业对人才培养和培训工作在思想认识上尚显不足。有观点认为，培训投资较大且效果显现缓慢，相较于其他能够迅速见效的工作，其重要性似乎并不突出，且缺乏明确的业绩指标进行考核。因此，一些企业在架构重组时，选择减少甚至取消培训团队的编制，对人才培养和培训工作采取了消极的“因噎废食”态度，这无疑进一步削弱了人才培养和培训工作在企业中的地位和作用。

（2）培训质量不高。在实际工作中，尽管许多企业投入很多人力、物力，开展多种形式的人才培养和培训工作，但培训的效果却不理想，造成培训上的资源浪费。许多培训班学员获取知识的积极性不高，且培训结束没有考试考核，即使举行结业考试也只是走个形式，考试考核的结果与个人的利益也没有太大关系，造成学员接受培养或培训时缺乏动力和压力。

（3）人才培养工作的计划性和前瞻性较差。当前，众多企业在人才培养方面表现出计划性与前瞻性不足的问题。许多企业尚未构建短期、中期及长期的培训计划，导致培训活动缺乏系统性、全面性和连续性。这种现象表现为企业在培训方面的决策相对随意，对培训内容的选择缺乏明确的目标和长远的规划，时而随波逐流，时而盲目跟风。这种缺乏系统性的培训模式与企业的整体发展战略严重脱节。

2. 对培训需求进行分析

在企业培训中，管理人员必须综合了解组织、工作和个体的需求，分析和评估组织存在的问题，由此确定哪些人在哪些方面需要培训，确保所提供的培训内容与组织需求相一致。需求分析通常包括组织分析、个体分析和任务分析三个方面。

（1）组织分析。组织分析即在既定经营战略与组织背景之下，深入剖析并评估组织的发展目标、形势演变、业务扩展及经营状况。同时，对组织文化及可利用的培训资源进行全面审视，以确定组织在培训方面的需求、具体培训内容以及可行的培训方案。这一过程旨在从组织层面出发，确保培训与组织发展紧密结合，提升组织的整体竞争力。

（2）个体分析。个体分析旨在帮助组织确定哪些人员需要培训以及了解他们的受训基础。个体分析主要包括以下几个方面：分析员工实际工作绩效与预期工作绩效之间的比较关系，判断是否有必要对其进行培训；分析员工适应工作变革或应用新技术时，新的任务完成情况或绩效改善状态；分析员工的知识、学历、态度、动机、行为等个性特点和基本技能状况，判断员工是否需要培训等。

（3）任务分析。任务分析主要是通过对工作任务和岗位责任的研究，了解某项工作的具体内容和完成该工作所需具备的各项知识、技能和能力，以确定培训项目的具体内容。

3. 确定培训目标

培训目标是培训工作管理人员为参与培训的员工在知识、技能和态度方面设定的具体改进方向。培训目标系统由三个层次的目标构成。

（1）组织总体培训目标。组织总体培训目标是提高组织人员的整体素质及工作效率、促进组织战略目标的实现等。它将对企业培训的策划与实施起到宏观指导作用。组织总体培训目标可以根据企业各个职能部门的总体运作情况，由总经理和人力资源部门协商制定。

（2）群体培训目标。群体培训目标即某一部门或某类人员的培训目标，如销售部门的培训目标、企业财务人员的培训目标等。群体培训目标由该群体的主要负责人和人力资源部门协商制定。

（3）个体培训目标。个体培训目标即员工个人的培训目标，如提高个人技能及素质、改进工作态度、提高工作绩效等。个体培训目标由员工及其上级主管、人力资源部门协商制定。

在确立培训目标系统时，必须妥善协调这三个层次目标之间的内在关联。组织总体培训目标扮演指导性角色，群体培训目标和个体培训目标需要在价值取向上与组织总体培训目标保持一致。同时，群体培训目标和个体培训目标应作为组织总体培训目标的具体化体现，确保各级培训目标之间协调一致。

4. 制定完善的培训计划

制定培训计划就是要把设定的培训目标具体化和可操作化。培训目标为培训计划的编制提供了基础和依据，培训计划则要根据既定的培训目标，合理而具体地排列各培训要素，从而使培训效果最大化。一般来说，培训的核心目标就是促进员工在知识、技能和态度三个关键领域的学习与进步。

（1）知识性培训。知识性培训是员工培训的核心环节，以业务知识为主要培训内容，旨在使员工掌握完成本职工作所必需的基本知识，并深入了解企业的基本情况。企业需根据培训对象的不同，结合岗位目标定制知识内容。比如，对于管理人员而言，培训计划中应涵盖组织、领导和控制等核心管理知识，这些是他们履行职责所必需的知识。此外，鉴于管理工作的复杂性和综合性，管理人员还需掌握心理学、激励理论等相关知识，以便更好地了解员工需求，激发团队潜能。同时，经营环境对管理工作的影响不容忽视，因此管理人员还应具备对社会、政治、文化、伦理等方面的敏锐洞察力和深刻理解。

（2）技能性培训。技能性培训以工作技术和工作能力为主要培训内容，旨在使员工掌握完成本工作所必备的技能，如谈判技能、操作技能、处理人际关系的技能等。对于不同的员工，所需的技能也是不一样的，对高层管理者来说，组织决策技能比较重要；而对于公关人员，谈判技能、言语表达能力则是主要方面。

（3）态度性培训。态度性培训关注员工的工作态度和价值观，通过培训引导员工形成积极、正面的工作态度。这包括培养员工的团队合作精神、责任心等，以提高员工的工作积极性和满意度。

在实际操作中，设计培训计划时往往不会严格区分这三个方面的内容，而是根据具体的培训目标，将知识性、技能性和态度性培训有机结合，形成一个全面、系统的培训计划。这样的培训计划能够更好地满足员工的发展需求，提升企业的整体绩效。

5. 选择培训方式和形式

（1）培训方式。

人员培训方式多种多样，企业需根据培训的实际需求和可行性，合理选择。

知识性培训主要采用讲授、视听教学、研讨会三种方式。讲授，就是通过培训者讲授或演讲的方式对受训者进行培训。其显著优势在于能够一次性覆盖大量受训者，从而显著降低培训成本。同时，培训者在整个过程中拥有高度的控制权，可确保培训内容的准确传递。视听教学则是利用预先录制的内容展示各种行为、技术或解释问题。视听材料不仅允许受训者获得前后连贯、不受干扰的生动信息，还能模拟那些难以用言语描述的复杂环境、事件和场景。这种方式的灵活性使得受训者能够根据自己的学习节奏和兴趣点进行反复观看和学习。研讨会是一种互动性较强的培训方式，要求培训对象积极参与讨论。在这种形式下，受训者有机会充分表达自己的观点，提高学习兴趣，并通过亲身体验和互动获取知识和技能。研讨会不仅能提高学习的效率，还能促进团队之间的沟通与协作。

技能性培训主要采用情景模拟、案例教学两种方式。情景模拟通过构建模拟的、真实感强烈的工作环境，让受训者在没有实际风险的情况下反复操作和实践。这种方法使受训者能够亲身面对和解决实际工作中可能出现的问题，为他们未来进入真实岗位打下基础。由于模拟环境与实际工作环境高度相似，受训者能够直观地观察到自己的行为带来的后果，从而有效提高实际操作能力和应变能力。案例教学则是一种特别适合提升受训者深层次智力技能的方法。它通过分析真实的案例，让受训者运用分析、综合、推理、评判等能力去解决问题。这种方法不仅有助于提升受训者的智力技能，还能培养他们的风险承受能力和应对复杂、不确定因素的能力。通过案例学习，受训者能够更好地理解实际工作中的挑战，并学会如何灵活应对挑战。

态度性培训主要通过角色扮演和感受培训进行。角色扮演是一种模拟实际管理场景的培训手段。让两个或以上的受训者分别扮演不同角色，通过他们的互动演绎，让其他受训者观察事态发展的各种可能性，并据此思考应对策略。这种方式使受训者能够亲身体验并深入理解管理场景中的复杂人际关系和决策过程。感受培训则更侧重于群体内成员间的互动和感受。在这种培训中，受训者可以自由讨论，展现自己的行为方式，并接受群体内其他成员的批评和反馈。这种方法鼓励成员分享对成功与挫折的感受，促进彼此间的理解和共鸣。通过感受培训，每个成员都能更深入地认识自己，理解他人的行为，并倾听他人对自己的看法，从而增强团队协作和沟通能力。

（2）培训形式。

从培训与工作的关系来看，有在职培训、脱产培训和半脱产培训三种。

在职培训就是指员工不离开自己的职位，在实际工作岗位和工作场地进行培训。这种培训形式非常经济，不需要另外添置场所、设备，有时也不需要专职教员，而是利用现有的人力、物力来实现培训。同时，培训对象在学习期间身不离岗，可以继续从事原工作，不影响生产。员工也可以立即将培训的内容运用到实际工作中，及时得到反馈。

脱产培训是指员工离开自己的工作岗位，在专门的培训现场接受履行职务所必要的知识性、技能性和态度性培训。

半脱产培训介于上述两种形式之间，可在一定程度上克服二者的缺点，吸纳二者的优点，兼顾利弊。

从培训的层次和对象来看，企业可以根据员工的能级、职位和工作经验等因素，制定不同层次的培训计划，并针对不同群体的需求进行个性化的培训设计。例如，新员工培训可以侧重于企业文化、岗位知识和基础技能的传授；在职员工培训则可以根据其职业发展和工作需要，提供进阶的知识和技能提升培训。

总之，企业在选择培训方式和形式时，应综合考虑员工的实际需求、企业的培训资源和目标，以及培训内容的性质和要求，制定最适合的培训方案。

6. 培训效果的评估与反馈

在培训过程中，应注意对培训效果进行评估。培训效果评估不仅可以用来判断此次培训是否达到预期培训目标，还有助于对以后的培训进行改进和优化。

（1）培训效果的评估对象。

培训效果评估包括绩效评估和责任评估两项。绩效评估是以培训成果为对象进行评估，包括受训者的个人学习成果和其在培训后对组织的贡献，这是培训效果评估的重点。责任评估是以负责培训的部门或培训者的责任为对象进行评估，目的是进一步明确培训工作方向，改进培训工作。

（2）培训效果的评估标准。

培训效果的评估标准是指从哪些方面对培训进行评估。企业可根据柯克帕特里克的四层次评估模型设置评估标准。

①反应层。测定受训者对培训计划的反应，包括培训计划是否围绕实际培训需求而制定、计划内容是否合理和适用等。

②学习层。受训者对培训内容的掌握程度，他们在接受培训以后，知识水平和技能是否有所提高，以及有多大程度的提高。这个评估更多停留在认知层面。

③行为层。受训者在接受培训以后行为上发生了哪些变化，也可以看作对学习成果的运用，比如，在工作中是否改进了以前的行为，是否运用了培训的内容。

④结果层。受训者在接受培训以后，其绩效是否得到了改善和提高。

（3）培训效果的评估方法。

回任工作考核是评估培训效果的一种重要方法。回任工作考核指对培训结束后回任工作进行全面评价。它主要关注以下几个方面：受训者对组织文化的认同是否增强，受训者工作态度和作风是否有所改进，受训者业务能力是否得到提升，以及受训者工作效率是否有所提高。

回任工作考核的方法主要有以下三种。

①问卷法。通过精心设计的问卷，收集受训者对培训效果的反馈意见。

之后，由培训负责人和专家组成的评估小组对收集的数据进行分析和评估，以了解培训的实际效果。

②实地考察法。培训部门可以派遣专人到受训者所在的工作部门进行实地考察。通过与其领导、同事及受训者本人的深入交流，如召开座谈会、汇报会等，全面了解受训者在实际工作中的表现。

③回任小结法。回任一段时间后（如半年或一年），要求受训者撰写一份工作小结，自我评价培训效果。同时，其直接上级也需对受训者的工作表现进行评价并给出评语。最后，这些材料将交由培训管理部门进行综合评估，以全面了解培训的实际效果。

（4）培训投资分析。

培训是一种投资，对这一投资的成果必须加以测定和评估。一般来说，对组织内培训投资的分析，可以使用成本收益分析法来测定培训投资的效果。

①培训成本。培训成本可以分为直接成本和间接成本。直接成本包括组织支付的讲课费，外请教师的食宿费、交通费，受训者的津贴，等等。间接成本包括受训者在培训期间损失的工作量，返回工作岗位后的生疏感和工作的迟缓，以及因离开工作岗位而引起的人际关系疏远等成本。

②培训收益。培训收益可以分为直接收益和间接收益两个方面。培训的直接收益是指受训者劳动生产率的提高。培训的间接收益是指培训导致的受训者个人的工作能力提高、工作内容改善和获得发展晋升等收益，以及促进群体内从业人员间形成竞争意识，从而提高士气，使组织富有活力，提高劳动生产率。

（5）反馈培训评估结果。

培训评估结果必须向员工本人进行公示。对于表现优秀的员工，应给予充分的鼓励和认可；而对于未达到培训目标的员工，需为他们制定明确的改进计划，并明确指出若其在规定的时间内仍未能达到既定要求，将面临转岗或下岗的可能。此外，评估结果还需向相关部门反馈，为确定后续的培训计划和培训需求提供参考。

第三节　从理念到实践构建高效供应链管理体系

一、供应链管理的基本思想

供应链管理（Supply Chain Management，SCM）就是基于最终客户需求，对围绕提供某种共同产品或服务的相关企业的信息资源，以基于互联网技术的软件产品为工具进行管理，从而实现整个渠道商业流程的优化。

供应链管理强调价值的整体创造与分享。任何企业都处于一个对应的供应链中，其产品必须通过对应的渠道和环节才能到达最终客户，其生产需要的原材料和服务也必须通过对应的渠道和环节才能为企业所用。所以，对于最终客户而言，为其提供价值的不是某一个单独的企业，而是由众多企业有机组成的一个价值链。供应链的整体效率和价值创造能力才是决定最终客户所获价值大小的根本因素。供应链管理以整个供应链为管理对象，其根本目的是通过协调、优化供应链上的各个环节，为最终客户创造价值，并享受客户的价值回报。

供应链管理以最终客户需求为管理起点，以最终客户价值最大化为管理目标，以有效满足客户需求为实现手段，即在合适的时间和地点，以合适的方式和价格，将合适的产品提供给合适的客户。这要求企业必须精准地把握并预见最终客户的需求动态，确保自己提供的产品或服务能够满足市场期望。

供应链管理以商业流程优化为实现策略。商业流程是供应链中的企业群，以实现最终客户价值最大化为目标，对企业之间的资源处理、资源应用程序和活动的一种安排。供应链管理关注的是企业之间的协同效率，而供应链的效率主要取决于商业流程的优化程度。供应链管理侧重于动态优化，是一个渐进的、系统的演进过程，着眼于短期、具体的商业流程优化，旨在帮助企业根据最终客户需求，实时调整和优化各自的供需计划和计划执行，主要措施包括信息共享、协同计划、协同执行等。

供应链管理以渠道为核心管理范围。供应链包括众多的组成因素，如制造商、供应商、分销商、代理商、零售商、金融服务提供商、物流服务提供商、研发服务提供商等。供应链各个环节中对最终客户价值最大、贡献最大的是核心企业及其供应网络和销售网络。供应链管理基于最终客户需求，重点关注以核心企业为中心的渠道的商业流程优化，也就是以渠道为核心管理范围，条件成熟时适当扩展到金融服务提供商、物流服务提供商和研发服务提供商等。从制造导向向销售导向转化是现代经济条件下企业发展的必然趋势，这就要求企业必须对最终客户需求做出快速、高效的反应，所以渠道对于核心企业尤其是现代大型制造企业而言极为重要。在现代企业供应链管理中，渠道管理有着举足轻重的地位，特别是销售渠道管理，它在整个供应链管理中显得尤为关键，已成为当前企业供应链管理的核心。

供应链管理以信息资源处理为管理内容。供应链管理的作用机理在于企业通过获取最终客户的需求信息，将其与企业自身和商业伙伴的产品提供能力进行匹配，对外确定自己的供需计划，并传递给自己的相关商业伙伴，对内确定自己的产品提供计划。供需计划和产品提供计划的制定过程就是对最终客户需求的应用和反馈过程。

二、供应链管理对于企业的意义

1. 提高运营效率

通过优化供应链流程，企业能够减少不必要的步骤和延误，提高整个供应链的响应速度和灵活性，提升企业整体的运营效率。具体措施包括：通过采用自动化工具和信息系统，如企业资源规划（ERP）和供应链管理（SCM）软件，实现订单处理、库存管理、运输调度等流程的自动化，减少人工操作错误和延迟；利用物联网（IoT）技术和实时数据分析，监控货物流动，确保供应链各环节的透明度和可视化，及时发现并解决潜在问题；通过整合各部门的信息和资源，打破信息孤岛，从而实现生产、物流、销售等部门的协同工作。

2. 降低成本

供应链管理有助于企业在采购、生产、库存和运输等环节实现成本控制，通过批量采购、减少库存积压和优化运输路线等方式降低成本。具体措施包括：通过与供应商建立长期合作关系，获得更优惠的价格和更好的服务，同时利用集中采购和批量订购的策略来降低采购成本；采用先进的库存管理方法，如准时制库存（JIT）和经济订货量（EOQ），以减少库存水平，从而降低库存持有成本；通过优化运输路线和方式，采用多式联运和拼箱等策略，降低运输成本。

3. 提高客户满意度

通过供应链管理，企业能够更快地响应市场需求，缩短产品从生产到交付的周期，提高客户满意度。具体措施包括：通过供应链的灵活性和响应能力，提供个性化和定制化的产品和服务，满足客户的特定需求；通过优化供应链流程和提高物流效率，缩短订单处理和配送时间，实现快速交付，提升客户体验；建立高效的售后服务体系，快速响应客户的反馈和投诉，提供及时的解决方案，提高客户满意度。

4. 提升企业品牌形象

一个高效、透明的供应链可以提升企业品牌形象，增强消费者和合作伙伴的信任。通过供应链的高效运作，确保产品质量和交付时间，进而提升企业的品牌形象，提高企业的市场竞争力。

5. 支持可持续发展

企业可以通过一系列供应链管理策略来减少对环境的影响，支持可持续发展。例如，通过优化物流网络、减少资源浪费、降低能源消耗和提升资源利用效率，减少企业的生态足迹。

6. 有助于企业进行风险管理

供应链管理有助于企业识别和缓解潜在风险，如供应中断、价格波动和需求变化。比如，通过建立多元化的供应商和分销商网络，企业可以减少对单一供应商的依赖，降低供应链中断的风险。

7. 为企业形成创新和竞争优势

通过与供应链合作伙伴的紧密合作，企业可以更快地推出新产品，利用合作伙伴的创新能力来获得市场竞争优势。

三、构建供应链管理体系的主要方式

一般来说，企业构建供应链管理体系的方式主要有三种：正常交易、纵向一体化和战略联盟。

1. 正常交易

正常交易是指企业通过传统交易手段，同供应商和分销商建立业务联系以实现供应链的物流功能。这是截至目前供应链管理最为普遍的一种方式。虽然这种方式可以实现物流功能，但却无法为企业带来长期的战略优势。

2. 纵向一体化

纵向一体化是指企业通过直接投资、并购等手段向上或向下整合供应链。这种方式的优点是企业可以强化对供应链的控制，增加其价格谈判的优势；缺陷则是不利于企业核心竞争力的形成和发挥。在市场竞争中，企业在原有行业所拥有的核心竞争力并不一定能延伸到上下游企业，往往容易陷入纵向整合的陷阱，无法将资源集中于核心业务。

3. 战略联盟

战略联盟是企业之间形成的一种多维度的、目标导向的长期合作关系，旨在企业之间共同分担风险并共享收益。这种准整合的供应链模式，一方面可以避免纵向一体化的缺陷，另一方面也会使联盟成员在正常交易中获得更多的承诺。战略联盟可以为合作方带来长期战略利益的双赢。一般来说，每个战略联盟都存在一个处于主导地位的企业，即核心企业。围绕核心企业（这里假设是制造商，虽然事实上并不总是如此），战略联盟的成员还包括上游的供应商、下游的零售商以及一些相关服务的提供商。当然，在一些战略联盟中，供应商和零售商还可以拓展到多级。简单的三级战略联盟主要有供应商&制造商战略联盟、供应商&零售商战略联盟和第三方物流（外包）。

（1）供应商&制造商战略联盟。

在当今高度竞争的商业环境中，供应链中的制造商与供应商之间的合作关系显得尤为重要。通过构建稳固的战略联盟，双方可以共享信息、协同行动，从而实现双赢。这种联盟的核心在于制造商与供应商之间的紧密合作和长期稳定的协议。在这种联盟中，制造商倾向于选择少量的优质供应商，甚至采用单源供应策略，以确保供应链的可靠性和稳定性。这样制造商就可以获得质量更好的产品、更稳定的供应以及更具竞争力的价格；供应商也可以获得稳定的订单和可靠的收入来源，从而获得持续发展。

供应商&制造商战略联盟让准时采购成为可能。准时采购是一种源于准时生产的管理哲学，它强调在适当的时间、地点、数量和质量下提供所需的物品。通过实施准时采购，制造商可以显著减少库存，加速资金周转，从而有效降低成本。此外，准时采购还有助于制造商提高供应链的响应速度和灵活性，使制造商能够迅速应对市场变化和客户需求。

除此之外，供应商&制造商战略联盟还为制造商提供了将供应商纳入新产品开发过程的机会。通过与供应商紧密合作，制造商可以更早地获得供应商的技术支持和创新资源，从而加快新产品的研发和上市速度。此外，供应商的专业知识和经验也可以为制造商提供宝贵的建议和解决方案，帮助制造商提高其产品质量和市场竞争力。

（2）供应商&零售商战略联盟。

在现代商业环境中，零售商与供应商之间的合作关系日益紧密，这种关系往往通过战略联盟的形式得到体现。供应商&零售商战略联盟在很多行业中出现，它有助于零售商和供应商共同应对市场挑战，提升竞争力。零售商与供应商之间的战略联盟主要体现为四种形式：快速反应、连续补充、高级连续补充以及供应商管理库存（VMI）。

在这些形式中，VMI是最高级的一种合作方式。VMI的核心在于，由供应商决定每一种产品的恰当库存水平（在双方商定的界限内），并制定相应的库存管理策略。这种模式下，零售商与供应商之间的关系不再是简单的买卖关系，而是深化为合作伙伴关系。这种关系可以被看作一个连续体，一端是信息共享，即零售商将其销售数据、市场需求等信息与供应商共享，帮助供应商更准确地预测市场需求，制定更有效的生产计划；另一端是寄售，即供应商完全负责管理和拥有库存，直到零售商将其产品售出为止。在VMI的初始阶段，供应商制定的库存计划必须得到零售商的认可和支持。随着合作的深入，供应商将逐渐承担更多的责任，最终目标是消除零售商对特定订单的监督，使零售商能够更专注于销售和服务。

VMI的优势在于，通过降低预测的不确定性，供应商能够更准确地预测市场需求，从而更好地协调生产与配送。这不仅能够降低库存成本，提高库存周转率，还能有效地控制需求放大效应，即牛鞭效应。在VMI下，供应商和零售商共同承担市场风险，形成更加紧密的合作关系，实现共赢。

除了VMI外，其他形式的供应商&零售商战略联盟如快速反应、连续补充和高级连续补充等，也在不同程度上促进了零售商与供应商之间的合作。这些形式在特定情况下各有优势，但相比之下，VMI更加注重长远的合作关系和共同利益，是更为成熟和高级的合作形式。

（3）第三方物流（外包）。

第三方物流（外包）就是利用外部公司完成企业全部或部分物料管理和产品配送职能，这是一种互惠互利、风险共担、回报共享的联盟方式。现代的第三方物流（外包）不但是长期合作的，而且是多功能的。这种联盟最大的优点在于能使企业将其资源集中于核心能力，而把相对不够擅长的物流及附属业务外包给专业的物流公司，从而提高企业整体的供应链运作效率。当然，如果物流是企业的核心能力之一，外购相关的职能则是没有意义的，因为第三方物流公司的能力可能还不及自己。例如零售巨头沃尔玛就是自己建造和管理配送中心。

此外，还有一种广泛存在的联盟形式，即经销商一体化（DI）。它一般是由制造商牵头，组织经销商形成一个信息共享、调剂余缺的经销商横向联盟。这种模式让制造商可以用更低的成本提供更好的服务。由于形成了一个覆盖整个经销网络的库存“蓄水池”，制造商能够在有效抵御缺货风险的同时大幅度地降低库存水平。

四、构建高效供应链管理体系的核心要素

有远见的企业已经开始重构它的供应链系统。供应链上最优秀的成员正转向依靠知识与创新能力来获得竞争优势，而非仅仅依赖其规模和市场地位。力争成为供应链领导者的企业必须能够做到：了解消费者和市场，与供应链合作伙伴开放沟通、共享关键信息，在企业内部和供应链推动建立以市场为中心的决策和运算机制，为供应链设定清晰的目标。

企业若想构建一个高效的供应链管理体系，需着重于以下五个要素。

（1）建立以市场为导向的经营理念。

供应链管理最重要的驱动力是客户的需求，整个供应链不是从生产开始，而是从客户的需求开始。首先，要了解消费者的想法，了解消费者想买什么、怎样买、为什么买，然后根据这些信息开发受欢迎的产品。如戴尔科技公司就是以客户为中心来管理它的整个供应链的。其次，供应链中，产品并不一定要由制造商开发，也可以是链上的任何一个成员。比如李宁（中国）体育用品有限公司是品牌经营者，承担了李宁品牌产品的设计，但其制造工作只有不到10%是由自己完成的。

（2）建立基于供应链的协同商务模式。

建立基于供应链的协同商务模式是现代企业供应链管理中的一项核心战略。这种协同商务模式将供应链中的四个关键环节——原材料供应商、生产厂家、分销商和零售商——紧密联结起来，实现资源的优化配置和流程的高效协同。这种模式下，供应链成员不仅关注自身利益，还积极与上下游企业共同承担流通环节的风险，充分顾及合作伙伴的合理利润，共同追求整体的

最优回报。

以沃尔玛为例，其成功的供应链协同商务模式为行业树立了典范。沃尔玛严格规定采购员不得收受供应商的贿赂，并通过设立防损部监督供应商的行为，确保供应链的透明度和公正性。同时，沃尔玛与供应商建立了紧密的信息共享机制，供应商能够实时了解其产品在沃尔玛商场的销售情况。这种信息分享有助于供应商更精确地安排生产计划，提高生产效率，降低生产成本，从而为沃尔玛提供更加优惠的价格。这种与供应商绑在一起的战略使沃尔玛在市场竞争中获得了巨大的优势。

在供应链协同商务中，供应商的评估和选择是确保供应链正常运行的基础和前提。要想控制采购成本，供应商的选择和管理尤为重要。企业倾向于削减供应商数量，提高剩余供应商的效率，并确定战略供应商以结成紧密的合作关系。这种变革有助于降低整个供应链的成本，提高整体绩效。

协同商务模式的实施通常从战略供应商开始，先提高主要供应商的效率，然后逐步扩展到较小的供应商、制造商、分销商和零售终端。这种推进的方式有助于企业逐步适应新的管理模式，降低风险，确保供应链的稳定运行。

比如，联想集团通过建立代理体制、实行承诺制、建立双轨制的销售渠道和服务渠道等方式，为代理商提供了稳定可靠的合作环境。联想集团还通过加强内部管理和运筹能力来降低成本，为代理商提供具有竞争力的价格，确保代理商的利益不因竞争而减少。这种协同商务模式使联想集团与代理商之间建立了紧密的合作关系，可以共同应对市场挑战。

驱动协同商务系统的关键信息来源于零售销售点终端POS系统采集的销售数据。这些数据结合历史数据、季节性变化、发展趋势、促销活动等因素，被用于预测市场需求，激发计划订单，指导生产和采购。这种基于数据的预测和决策方式使供应链成员能够更准确地把握市场趋势，及时做出反应。

总之，建立基于供应链的协同商务模式是现代企业提升核心竞争力、实现可持续发展的重要战略。通过实现供应链各环节的紧密联结和信息共享，企业可以优化资源配置、提高运营效率、降低成本并提升服务水平。同时，通过与供应商建立紧密的合作关系，企业可以更好地应对市场挑战，实现长期稳定的发展。

（3）建立保障供应链高效运转的组织结构和业务流程。

为了使供应链高效运转，构建与之相匹配的组织结构和业务流程至关重要。这需要从两个层面进行考虑：一是供应链范围内的业务流程重组，二是单个企业范围内的业务流程重组。

供应链范围内的业务流程重组的核心是沿着供应链转移职能，确定每个成员最适合完成哪项任务，并明确改进工作的方法。这一过程的目标是优化整个供应链，确保将产品快速推向市场。通过流程的调整，企业之间的协作关系将变得更加清晰、明确，为实现真正的协同商务奠定坚实的基础。

单个企业范围内的业务流程重组涉及对企业内部流程的重新设计和优化。这包括简化流程、消除不必要环节、提高自动化水平等，以此降低成本、提高效率和响应速度。同时，随着销售渠道向扁平化方向发展，企业内部和外部的流程也需要相应地进行调整，以适应新的市场环境。

（4）建立高效的物流体系。

物流不仅贯穿从供应链源头到最终消费者的全生产链条，涵盖采购、存储、运输、交付等关键环节，更是企业实现成本压缩和服务优化的重要途径。为了在企业内部形成高效的物流运作机制，我们通常将采购、物料管理、仓储、运输、存货管理及配送等核心部门统一交由资深经理统筹管理，形成一个专注于原材料管理与实物分配的核心团队。这一团队致力于不断识别并改进物流过程中的薄弱环节，推动整个供应链从传统的多层次复杂结构向制造、配送中心直达零售终端的简化模式转变，从而在确保物流效率的同时，实现成本的最小化，为消费者提供更为优质的物流服务。

（5）IT技术的运用。

随着资源投入和环节的增多，供应链管理变得愈发复杂，特别是在企业分销渠道日益拓宽的背景下，总部对销售数据、市场分析、资金回笼等关键信息的掌控难度显著增加。此时，信息技术成为现代供应链管理系统不可或缺的一部分。对于分支机构遍布全国的分销型企业来说，利用信息技术和互联网的发展，实时监控分公司、办事处、销售代表、代理商乃至门店、专柜的运作情况，已成为一项紧迫的信息化战略举措。正是这些技术的应用，极大地推动了物流系统和供应链管理水平的提升。行业内广泛应用的IT系统，如企业资源计划系统、供应链管理系统、商品运输追踪系统、仓库管理系统（WMS）、卫星定位系统（GPS）、分销资源计划（DRP）系统、客户关系管理系统、商业智能（BI）系统等，不仅全面支持流通企业实现高速、规模化发展，更为企业赢得了宝贵的竞争优势。

构建高效、精细的供应链，目标在于以最小的资源投入，快速、低成本、高质量地开发新产品，提升现有产品质量，以满足客户当前及潜在的需求，从而赢得客户对企业品牌及产品的信赖。企业的核心竞争力是动态的，没有永久的优势。因此，企业必须敏锐捕捉时代前沿信息，组织最优的供应链，才能在未来更激烈的竞争中立于不败之地。

第四节　品牌建设与品牌推广

品牌建设与品牌推广是企业成功的两大基石，对于企业的长远发展至关重要。品牌建设不仅体现了企业的综合实力和竞争力，更是塑造企业独特形象、建立消费者信任的关键。通过精心策划的品牌建设活动，企业能够形成独特的品牌价值和文化，从而在激烈的市场竞争中脱颖而出。而品牌推广则是品牌价值的传递者和放大器，它能够帮助企业迅速打开市场、吸引目标客户、提高品牌知名度，进而促进销售增长和市场份额扩大。因此，品牌建设与品牌推广的紧密结合是企业实现长期稳定发展的必要条件。

一、品牌建设

1. 创立品牌

创立品牌始于正确的品牌意识。企业领导者和管理层应首先认识到品牌的重要性，将其作为企业核心价值的体现。品牌意识应贯穿于企业的各个层面，包括产品质量、管理水平、员工素质和商业信誉。企业应致力于培养全员的品牌意识，形成一种自上而下的品牌建设文化，确保每个员工都能成为品牌的积极传播者。

品牌命名是创立品牌的重要一环。一个好的品牌名称应简洁明了，易于消费者理解、记忆和传播。同时，品牌名称应具有文化内涵，能够与消费者建立情感共鸣。品牌命名既要科学地考虑市场因素，也要艺术地体现品牌个性。

品牌定位是确立品牌在消费者心中形象的关键步骤。企业需要深入研究市场和消费者需求，明确品牌的目标市场和产品定位，通过差异化策略，将品牌功能与消费者心理需求相结合，精准传达品牌信息，形成独特的品牌印记。品牌定位不仅要清晰，还要具有吸引力，能够引导消费者的选择和培养消费者的忠诚度。

品牌虽超越产品本身，但始终建立在优质的产品和卓越的服务之上。质量是品牌发展的基石，是消费者最直接的品牌体验来源。企业应始终注重产品质量，以高质量的产品赢得消费者的信任和支持。卓越的服务是品牌建设的重要组成部分。企业应通过优质的服务，提高消费者的品牌忠诚度。服务不仅包括售后服务，还包括购买过程中的咨询、建议等，以提升消费者的整体满意度。

2. 品牌战略

许多企业在创立初期没有品牌建设意识。然而，为了确保企业的长远发展，我们必须将品牌建设提升至战略层面进行考量。

品牌战略的核心是将品牌作为企业的核心竞争力，通过创造差异化获得长久品牌竞争优势、保持消费者品牌忠诚度，实现企业的长久发展。这不仅需要企业对品牌进行全面的评估与重新定位，还需要企业进行有效的品牌管理，包括制定和执行品牌战略规划。

品牌战略规划是一个系统性的过程，它需要与企业现有的其他战略进行整合，特别是与企业形象识别系统（CIS）、顾客满意（CS）和企业文化之间的整合。这种整合可以确保品牌战略与企业整体战略的一致性，形成战略合力，进而提升企业的市场竞争力。

在实施品牌战略的过程中，企业需要形成自己的品牌战略规划，明确品牌建设的目标、方向与指导原则，为日常的品牌建设活动制定行为规范。同时，品牌战略规划的实施需要企业最高层的直接参与和全力支持，以确保品牌战略能够与企业的各个环节对接，转化为企业的行为准则和习惯，最终转化为外在的市场竞争力。

此外，企业在实施品牌战略的过程中，应定期核检品牌状况，对品牌战略的实施效果进行评估，并根据实施效果对品牌战略进行微调与修正。这种持续的评估和调整可以确保品牌战略始终与市场需求和企业目标保持一致，为企业的可持续发展提供有力的保障。

3. 品牌文化

品牌文化在塑造品牌影响力方面扮演着至关重要的角色。随着广告效果逐渐减弱，企业开始寻求更深入的方式来塑造品牌，而品牌文化正是其中的关键。

品牌文化不仅是品牌的灵魂，更是企业经营观、价值观、发展观的集中体现，以及品牌经营行为的总和。一个缺乏文化支撑的品牌，就像失去了灵魂的躯壳，难以长久立足于市场。伟大的品牌之所以伟大，正是因为它们创造了一种种深入人心的品牌文化，一种种品牌信仰。

品牌文化具有强大的感召力，能够吸引和留住消费者。同时，品牌文化也具有排他性和兼容性。排他性意味着品牌文化应该具有鲜明的个性和特色，能够与其他品牌形成明显的区别，从而在消费者心中留下独特的印象。兼容性则体现在品牌文化应该具有广泛的内涵和包容性，能够涵盖品牌旗下的所有产品，并有可能跨越多个产业。此外，品牌文化还需要具有时间上的兼容性，即一旦设定，就应该能够被长久传播并不断丰富，使其内涵能够历久弥新，不被时代淘汰。

因此，在塑造品牌影响力的过程中，企业应注重品牌文化的建设和培育。通过深入挖掘品牌文化的内涵，塑造独特的品牌个性和价值观，以及持续不断地丰富和完善品牌文化，企业可以创造出具有强大影响力和竞争力的品牌，赢得消费者的信任和忠诚。

二、企业在品牌建设方面存在的问题

由于我国企业的品牌建设起步较晚，且发展过程中常受急功近利心态的影响，因此我国企业普遍存在对品牌认知不足、品牌意识淡薄、品牌战略实施不合理、不注重品牌文化的塑造等问题。下面我们来具体看一下。

1. 品牌认知不足

由于品牌观念传入中国较晚，我国企业对品牌的认知不足且存在很多误区，包括：对品牌的长期价值与全方位的资产体系缺乏深刻的认识，甚至不少企业的产品只有产品类别名称，而根本没有品牌名称，导致品牌“空壳化”现象严重；大多数品牌只注重知名度与视觉识别，而忽视服务水平的提升，难以形成高品质的品牌形象；不少企业错误地将品牌建设视为短期行为，试图通过巨额广告投入迅速建立品牌，忽视了品牌战略的整体效益和长远目标，为企业品牌长期价值的建立埋下隐患。

2. 品牌意识淡薄

许多企业对销售的重视程度远远超过了对品牌的重视程度，一些企业家甚至简单地认为市场销售量的大小就是品牌价值的体现。这种观念是极其片面的。市场销售量虽然能够反映品牌在一定时期内的市场表现，但并不能完全代表品牌的价值。品牌价值是一个综合的概念，涵盖了品牌知名度、美誉度、忠诚度等多个方面。

3. 品牌战略实施不合理

国内不少企业虽然有品牌战略意识，但在付诸实践时却显得力不从心。也就是说企业有品牌战略，但是缺少围绕品牌核心价值制定的科学、可操作的品牌战略规划。具体来说，我国企业在实施品牌战略上存在着以下几个问题。

一是缺乏实施品牌战略的紧迫感和系统性规划，往往将注意力集中在短期销售目标上，而忽视了品牌的长远发展。尽管企业能够认识到实施品牌战略的重要性，但由于品牌战略的实施是一个长期且系统的工程，企业常常会将注意力转移到其他事务上。例如，当企业认为当前最紧迫的任务是提高销售量时，其他事务便会被暂时搁置。然而，提高销售量固然重要，但仅仅依赖各种促销活动来提高销售量已不再是长久之计。企业与其不断寻求新奇的促销手段费心费力地提高销售量，不如静下心来深入研究品牌战略，以此来明确并找准企业的发展方向。

二是在实施品牌战略时，部分企业缺乏理论指导和实践经验，导致无法有效地将品牌战略转化为具体的行动方案。这些企业可能是对品牌战略的理论知识了解不足，或者是自身在品牌建设和企业发展的物质条件上有所欠缺，因此在实施品牌战略时感到迷茫，往往只能模仿同行的做法。然而，这种做法对企业的长期发展是极其不利的。因为实施品牌战略是一个创新的过程，没有太多现成的模式可以直接照搬。企业必须从实际出发，结合自身的条件和特点，开发出具有独特个性和市场竞争力的品牌商品，这样才能使品牌具有持久的生命力。

三是缺乏现代企业制度和清晰的权责界定，导致品牌战略的实施过程中出现短期行为，不利于品牌的长期稳定发展。实施品牌战略的关键在于建立现代企业制度，实现资产所有权与经营权的明确分离。然而，目前不少企业尚未实现这一分离，或者即使实现了分离，但权责界定不严格、不清晰，使得经营者缺乏完整的独立决策权。这种情况下，企业在实施和推进品牌战略时，很容易产生短期行为，因为经营者可能更注重短期的业绩和利益，而忽视品牌的长远价值和持续发展。而品牌战略是一个连续性的长期过程，需要企业持续投入和长期规划，短期行为是无法支撑品牌战略的长远发展的。

4. 不注重品牌文化的塑造

在品牌文化的塑造上，尽管有少部分企业成功地挖掘出产品的文化基因，但大部分企业在文化塑造上仍显得生硬和苍白。它们往往以企业自身的利益观为中心，堆砌起一系列文化元素，而缺乏与消费者深层次的情感共鸣。有时，企业只是简单地因为一个好听的名字就急于开发产品，进行主观的文化臆造，认为这样就能赢得市场。然而，这种用自我价值观替代消费者价值感受的做法，从一开始就是错误的。它忽略了消费者的真实需求和感受，导致品牌文化显得盲动和肤浅，难以在消费者心中留下深刻印象。因此，企业在塑造品牌文化时，应更加深入地了解消费者的需求和喜好，寻找与产品相契合的文化元素，打造具有独特魅力和吸引力的品牌文化。

三、品牌建设策略

1. 增强品牌意识和品牌战略意识

在品牌时代，企业若欲发展壮大、掌握市场主动权，首要任务便是提高对品牌战略重要性的认识，并树立强烈的品牌意识。企业家的品牌意识强弱，直接关系到企业品牌战略能否成功制定与实施；而全体员工的品牌意识强弱，则影响着他们的工作态度的好坏与责任心的强弱，进而决定品牌战略实施的成败。

因此，企业家必须深刻认识到实施品牌战略的重要意义，将品牌战略作为企业发展的重要战略之一；企业应加强内部团队建设，确保思想统一，激发员工的竞争意识和进取精神。全体员工应具备力争上游的斗志，勇于赶超世界先进水平，敢于与国际知名品牌一较高下。只有通过不断提升品牌意识，企业才能在激烈的市场竞争中脱颖而出，实现可持续发展。

2. 合理实施品牌战略

实施品牌战略是市场发展的必然趋势，特别是在激烈竞争的市场环境中，品牌战略应该成为企业战略组合的核心。一个科学、系统且与企业资源能力相匹配的品牌战略，能够让企业少走弯路，降低品牌建设成本，提高传播效益。

针对我国企业在实施品牌战略过程中存在的问题，企业可以采取以下措施。

一是增强实施品牌战略的紧迫感。企业应当深刻认识到，实施品牌战略是现阶段争夺市场份额、求得生存与发展的关键手段之一。因此，企业应以高度的责任心和紧迫感来实施和推进品牌战略，确保品牌建设的顺利进行。

二是对企业的品牌建设进行全面诊断。企业应对现有品牌进行全面评估，从实际出发，结合市场需求，找出自身品牌存在的问题，并进行合理的品牌定位。接下来，企业应制定具体的品牌规划，并在实施过程中进行有效的跟踪和评估，及时发现并解决问题，确保品牌战略的顺利推进。

三是为品牌战略的实施创造有利的环境。品牌战略的实施不仅需要企业自身的努力，还需要一个适合的外部环境。企业可以争取政府的支持和引导，以优化品牌建设的资源配置。首先，企业应将品牌开发计划向政府有关部门报告，争取在人力、财力、物力等资源上得到支持。其次，企业应寻求政府的帮助，打破地方保护主义，为品牌发展创造一个良好的市场环境。最后，企业还应增强法律意识，利用法律手段保护品牌权益，确保品牌战略的顺利实施。

3. 塑造品牌独特的核心价值，提升品牌内涵

品牌核心价值作为品牌资产的主体部分，承载着品牌的灵魂和独特魅力。它不仅是品牌与消费者之间沟通的桥梁，更是驱动消费者产生认同感和信任感的核心动力。一个清晰、明确的品牌核心价值，能够让消费者在众多选择中迅速识别并记住品牌，感知到品牌的利益点和独特个性。

品牌核心价值的构建，需要企业在深入理解市场和消费者需求的基础上，结合自身的使命、愿景和长期发展战略，提炼出能够引起消费者共鸣的独特理念。这个核心价值应当具有高度的辨识度和可传播性，能够在消费者心中留下深刻的印象。

一旦品牌核心价值确定，企业就需要以非凡的定力去坚守和维护它。在品牌建设的过程中，无论是营销活动、广告推广还是产品创新，都应该紧密围绕品牌核心价值展开，确保每一次的品牌触点都能传递给消费者清晰、一致的品牌信息。这种坚持和定力，能够让品牌的核心价值在漫长的岁月中逐渐沉淀和积累，最终在消费者心中形成强烈的品牌联想和认同感。

通过长期的坚守和积累，品牌核心价值将成为品牌在消费者心中的独特印记。它不仅能够让消费者从众多品牌中迅速识别出这个品牌，更能够激发消费者的情感共鸣和提高消费者的忠诚度。因此，品牌核心价值是品牌建设的核心和关键，需要企业以高度的责任感和使命感打造和维护。

四、品牌推广策略

品牌推广不仅是企业的战略部署，更是市场竞争中的关键一环，但缺乏充分准备的品牌推广可能会给企业带来内外交困的严重危机。因此，企业在制定品牌推广策略时，需要深思熟虑，从多个方面入手。

首先，从企业自身出发进行深入分析。企业应当全面了解自身的核心竞争力，挖掘产品的独特卖点，找准市场定位，明确自己在行业中的位置和未来的发展方向。同时，企业还要对自身所处的行业进行深入研究，了解行业的发展趋势、市场规模和竞争格局，以便更好地把握市场机会。

其次，进行竞品分析。企业需要通过市场调研、数据分析等手段，深入了解竞争对手的优劣势、市场策略、消费者反馈等信息。这不仅有助于企业了解竞争对手的实力，还可以为企业制定更加精准的推广策略提供有力支持。通过对比竞争对手，企业可以发现自身的不足之处，并进行调整和优化，进而提升品牌竞争力。企业可参考表4-1对竞争企业进行分级分析。

表4-1　竞争企业分级

级别	分级标准	竞争情况	关注程度
第一级别	行业领袖	被企业视作学习和追赶的目标	高
第二级别	实力相当	行业中最强劲的对手，相互竞争大	高
第三级别	实力略弱	把企业视作追赶的目标	较高
第四级别	实力最弱	竞争力较小、不构成威胁的对手	低
第五级别	行业新秀	有可能是黑马，迅速进入行业前列	高

最后，进行用户分析。企业需明确自己的目标受众特征，包括他们的年龄、性别、地域、职业、兴趣爱好等。通过深入了解目标受众的具体需求、购买行为和偏好，企业可以更加精准地制定营销策略，提供符合他们期望的产品和服务，从而增强市场竞争力，提高客户满意度和忠诚度。

五、品牌推广渠道

企业品牌推广的渠道多种多样，以下是企业常用的几个推广渠道。

1. 问答推广

问答推广即通过引导潜在消费者在问答平台上提出问题，企业在回答问题的过程中巧妙植入品牌信息，从而增加品牌曝光度。比如实体企业，×××地方什么厂好，×××地方×××产品哪家好等。常见的问答平台包括百度知道、百度贴吧、知乎、360问答、搜狗问问等。其优势是成本低、信息稳定，且受众广泛；劣势是需要长期运营，且维护耗时耗力。

2. 新闻推广

新闻推广即利用权威新闻平台进行品牌传播，增强企业的社会公信力。常见的新闻媒体包括腾讯、新浪、网易、凤凰网等。这种推广方式的优势是成本低、信息稳定；劣势是普通企业难以直接联系媒体，发布难度较大。

3. 自媒体推广

自媒体推广在当今数字营销领域占据重要地位。随着2017年自媒体的爆发，微信订阅号、今日头条等平台成为人们获取信息的重要渠道。自媒体以其独特的“个人媒体”属性，为企业提供了一个分享知识、传递价值并赢得用户好感的渠道。常见的自媒体平台如微信订阅号、今日头条、网易号、大风号、一点资讯等，都为企业提供了丰富的推广机会。自媒体推广的优势明显，比如投入成本低、易操作等，但自媒体推广也存在一些劣势，比如需要多账号操作并保持稳定输出才能有效果。企业可以通过选择合适的自媒体平台、制定内容策略、保持更新频率、与用户互动等方式提升自媒体推广效果。

4. 论坛推广

论坛推广作为一种传统的网络营销手段，通过在网络论坛上发布企业的产品、活动等正面信息，提升品牌市场认知度。这种推广方式的优势包括投入成本低、易操作、可同步发布于多个论坛。但随着论坛垂直化和用户行为的改变，论坛推广也面临一些挑战，比如平台数量减少、用户流失等。为了应对这些挑战，企业在进行论坛推广时，需注意选择合适的论坛、遵守论坛规则，并尝试创新的推广方式，如发布有趣的互动话题、举办线上活动等。

5. 网红推广

网红的崛起与互联网的迅猛发展密不可分，有些网红的影响力在当今社会甚至超过明星。这些网红拥有自己独特的风格和特色，拥有大量粉丝。正因为这一显著优势，许多企业选择与网红合作，借助他们的影响力快速传播品牌或产品信息，从而迅速形成小范围内的口碑效应并向外扩散，以抢占市场份额。

这种与网红合作的推广方式具有显著的优势，它能够迅速引发关注，实现“一夜爆红”的效果，并通过网红的粉丝基础快速传播品牌信息。然而，这种推广方式也存在一定的劣势，即投入成本相对较高，因为网红通常会根据其影响力和粉丝数量收取合作费用。此外，由于网红的影响力和粉丝基础是动态变化的，这种推广方式可能不适合长期持续使用，需要企业根据市场情况和品牌需求进行灵活调整。

因此，在与网红合作进行品牌推广时，企业需要权衡利弊，根据自身品牌特点、市场定位和目标受众等因素制定合适的推广策略，以实现最佳的推广效果。

6. 视频推广

2018年，短视频类应用如抖音和快手等迅速崛起。这些平台以其多样化的展示形式和充满创意的内容迅速拥有了广泛的用户基础，成为占据网民休闲时光的新宠。它们不仅改变了人们获取信息和娱乐的方式，也为企业提供了一个全新的舞台。

这些短视频平台以其直观和生动的特性，成为企业展示自己的理想渠道。企业可以巧妙地将品牌信息植入引人入胜的视频内容，以一种更自然、更亲近的方式与消费者建立联系。这种创新的品牌传播方式不仅缩短了企业与消费者之间的距离，而且显著提升了品牌的知名度和市场影响力。

通过这些平台，企业能够以较低的成本实现高效的品牌推广，同时借助用户之间的互动和分享，实现品牌信息的快速传播。随着短视频内容的不断丰富和创新，企业有机会以更加多元和个性化的方式展示自己的品牌形象，进一步巩固与消费者的联系，提高品牌的市场竞争力。

除了短视频平台，传统长视频平台，例如优酷和爱奇艺等，依然占据着不可忽视的市场地位。这些平台凭借其庞大的用户基数和多样化的视频内容库，为企业提供了强有力的品牌传播渠道。

企业可以利用这些长视频平台进行广告投放或与平台合作创造定制内容，以此实现品牌信息的广泛传播和深入触达。通过精准的广告定位和内容营销策略，企业不仅能够提高品牌的知名度，还能够与目标观众建立更深层次的情感联系。

此外，长视频平台的内容丰富，从电视剧、电影到各种专业制作的节目，为企业提供了多样化的内容营销机会。企业可以根据品牌特性和市场定位，选择合适的节目或剧集进行品牌植入，借助故事情境和观众的观看习惯，提高目标观众对品牌信息的接受度和记忆度。

虽然视频推广拥有合作形式丰富、传播广泛、传播效果好等优势，但这一方式也伴随着一些挑战。例如，制作高质量的视频内容通常需要专业的团队和设备，这可能给小型企业带来较高的成本负担和人才招募难题。此外，成功的视频推广还需要企业对目标受众的行为习惯和偏好有深刻的理解，以及对行业竞争格局和市场趋势有敏锐洞察力。如果企业对这些方面缺乏了解，可能会影响推广效果。

为了有效应对这些挑战，企业可以采取以下策略。

（1）寻求外部合作。与专业的视频制作公司或自媒体平台建立合作关系，利用它们的专业技能和资源来制作和推广视频内容。这种合作不仅可以降低成本，还能确保内容的专业性和吸引力。

（2）加强团队培训。对内部团队进行视频制作和推广的专业培训，提升团队在视频创意、制作和营销方面的专业素养和技能。这有助于企业逐步建立自己的视频制作能力。

（3）深入了解目标用户和行业。通过市场调研和数据分析，深入了解目标用户的行为习惯、喜好以及行业的竞争态势和趋势。这些信息对于制定有效的视频推广策略至关重要。

（4）利用数据分析工具。运用市场分析工具和社交媒体分析工具跟踪和评估视频内容的表现，及时调整推广策略以优化推广效果。

（5）内容策略规划。制定明确的内容策略，确保视频内容与品牌定位和目标受众的期望相匹配，提高内容的吸引力和传播力。

（6）持续优化和迭代。根据反馈和分析结果，不断优化视频内容和推广方法，实现持续改进和创新。

通过这些措施，企业可以更有效地利用视频推广的优势，同时降低相关风险，实现品牌信息的有效传播和市场影响力的扩大。

7．微博推广

微博推广在当今数字营销领域中依然保持着其重要地位。作为一个早期的社交互动平台，微博凭借其开放性及内容的易传播性，成为品牌传播和事件营销的关键渠道。它的优势在于内容的迅速传播能力、适合进行事件营销的即时性，以及强大的互动性。然而，这种推广方式也有其劣势，如需要长期的运营投入和相对较高的推广成本。为了提高微博推广的效果，企业可以明确推广目标、精准定位目标受众、创新内容形式。

互联网推广方式多种多样，除了上面这几种推广方式，还包括邮件营销、QQ营销等。不同条件的企业可以根据自己的资源和需求，选择2～3种最适合自己的推广方式，并持续执行以取得良好效果。

但需注意的是，品牌宣传推广的内容不应仅限于企业或品牌名称，还应包括产品、服务、价格、市场定位，以及企业人物和专家等多方面的信息。总之，建立企业品牌并非一夜之间能够完成的任务，而是一条需要长期耕耘的道路。只有通过系统性、合理性的品牌建设和推广策略，企业才能逐步建立起良好的品牌形象，并在激烈的市场竞争中脱颖而出。

第五章

05

企业激励机制的设计与实施

第一节　企业激励机制设计原则

激励是人力资源管理中的核心内容，在管理实践中，激励意味着激发员工的工作动机，即采用有效的方法调动员工的积极性和创造性，使他们更努力地完成组织交给的任务，实现组织制定的目标。

目前，许多专家学者都认为员工的积极性和创造性已经成为企业的核心生产要素之一。也就是说，一个企业的成功并不完全取决于其物质资源，更重要的是员工的能力和潜力如何被发掘和利用。

可以说，激励机制设计和运用的好坏在很大程度上决定了企业的兴衰成败。那么，企业在设计激励机制时应该遵循哪些原则呢？下面我们来具体看一下。

一、员工个人目标与公司目标结合原则

构建有效的激励机制的首要任务是将企业的战略目标与员工的个人目标紧密结合。如果激励机制设计不当，可能会导致管理者和员工的行为与企业战略目标背道而驰，影响企业目标的实现。构建激励机制的根本目的是激发员工个人行为，促使全体员工齐心协力，共同追求企业整体战略目标的实现。

由于人力资源的绝对私有性，其在使用过程中的数量和质量难以被外界有效或准确地测量与控制。因此，最有效的激励手段是建立经营者与企业利益的长期共同体，确保双方目标的一致性。企业的长期发展与收益对所有相关方都至关重要，这为员工个人目标与企业目标的结合提供了良好的契机。

在设计激励机制时，必须让员工感受到他们工作不仅是为了企业的利益，更是为了自身的发展与完善。这要求激励机制能够体现员工工作的价值，尊重他们的个人能力。具体而言，企业设计激励机制时需要考虑以下

两点：

（1）报酬与需求匹配。企业要考虑员工是否需要这份报酬，确保所提供的报酬与员工的需求相匹配。

（2）可实现性。员工应能够通过努力获得企业承诺的报酬，这是决定激励成败的关键。

如果企业仅仅为员工提供诱人的远景描述和发展机会，但这些机会与员工个人实际脱节，那么这些激励措施将难以激发员工的积极性，甚至可能损害员工对企业的信任。这样的激励机制不仅无法将员工与企业的目标结合，反而可能加大两者目标取向的反差，导致激励计划的失败。

因此，在设计激励机制时，企业必须确保员工的个人目标与企业的战略目标紧密相连，让员工真正感受到自己是企业成功不可或缺的一部分。

二、公正性原则与即时性原则

公正性原则是激励机制设计的核心原则之一。它要求企业在合理的基础上，根据员工对企业贡献的重要性来设定收入差距，避免实行简单的平均主义。对于对企业兴衰起着关键作用的经营管理者，应给予相应的较高报酬，以体现其工作的价值。这样的设计旨在鼓励员工提升个人能力，增加对企业的贡献，并在企业内部营造一个积极的竞争氛围。

然而，公正性不仅仅是收入上的差距，更重要的是确保这种差距的合理性和透明度。企业应防止内部人控制和不透明操作，确保激励措施的公正、公开和透明实施。缺乏透明度可能导致员工感到不公，从而降低工作积极性。

即时性原则在激励机制设计中同样至关重要。员工期望能够及时了解自己的工作表现和努力所能得到的回报。企业应及时对员工的努力和成绩给予反馈和奖励，这种即时的正面反馈不仅能增强员工的成就感，还能激励团队的工作热情。

具体来说，当员工达成工作目标或取得显著成绩时，企业应立即给予奖励和认可。奖励可以是物质的，如涨工资、给股权等；也可以是精神的，如公开表扬、给予优秀员工奖等。无论奖励的形式如何，都应迅速兑现，让员工感受到他们的贡献得到了认可。

如果企业对员工的卓越表现反应迟缓或忽视，员工可能感到自己的努力未被珍视，就会产生消极情绪，进而影响工作效率和团队士气。因此，即时性原则对于保持员工的积极性和推动企业的发展至关重要。

公正和即时的激励机制有助于企业建立一个健康、充满活力的工作环境，能够激发员工的工作热情和创造力，促进企业的长期发展和成功。通过这样的激励机制，企业能够确保每个员工都感受到自己的价值，并为企业的共同目标而努力。

三、风险与收益相对应原则

有效的激励机制应当确保风险与收益相匹配，确保被激励者在追求收益的同时承担相应的责任和风险。这种机制要求个体付出努力、承担责任，并在面临压力时积极努力，以实现个人价值和组织目标。激励不应被轻而易举地获得，以免给人造成不劳而获的误解。激励机制的核心在于加强个体的紧迫感、责任感和使命感，将收益与风险紧密结合。

在激励机制中，员工只有在创造价值的前提下才应获得激励。激励的目的是激发员工创造更多价值的热情。因此，当员工创造了更多价值时，他们应得到相应的更大激励。这种激励不是轻易就能被获得的，它要求员工付出努力并承担相应的风险。

适度的危机感是调动个体积极性的关键。心理学研究表明，人们普遍倾向于追求具有挑战性的工作或环境，尤其是管理人员。例如，竞争上岗、末位淘汰制度以及经营者的股权激励等措施，都是为了使员工承担一定的风险和压力，促使他们与企业的命运和目标紧密相连。

然而，在将风险与收益挂钩时，企业必须了解员工的风险承受能力。如果压力超出员工的承受范围，不仅不会激发员工的动力，反而可能导致员工失去应对风险的能力，产生心理障碍，甚至影响其能力的发挥。此外，不同员工的风险承受能力各异，这种差异性在制定激励机制时必须得到充分考虑。普通员工可能对风险的承受能力相对较低，而销售人员和经营管理者通常具有更高的风险承受能力。因此，在设计风险与收益的比例时，必须充分考虑员工的风险承受能力和文化背景，确保激励机制既能激发员工潜力和工作热情，又不会超出其承受限度。

同时，激励机制的设计应避免过分强调内部竞争，以免引发员工之间的过度防御和危机感。强烈的竞争压力有时可能促使员工为了自保而建立小团体或关系网，这种行为可能会破坏企业内部的和谐氛围，影响团队合作精神，从而削弱企业的凝聚力和整体竞争力，不利于企业目标的实现。

因此，在制定激励机制时，企业应当寻求平衡，既要确保员工面对挑战时的积极性，也要让他们感受到企业的支持和关怀。

四、建立科学的绩效考核体系

为了确保激励措施的有效实施，建立一套科学、合理的绩效考核体系至关重要。没有明确、具体的考核方法就无法准确评估员工的业绩和表现，这将直接影响激励措施的效果。绩效考核的核心目的在于公正、客观地衡量员工的工作成效，并据此进行奖惩，以激发其工作热情和创新能力。

为实现绩效考核的最佳效果，需构建一个既灵活又适应性强的体系。在企业中，员工与管理层之间的层级关系本质上是一种委托代理关系。激励的核心在于如何促使员工自发地全力以赴工作，并真诚地展示其工作成果。因此，绩效考核不仅要防范任何形式的投机行为，还要确保评价标准得到员工的广泛认同。

在制定考核标准时，员工的参与极为关键。员工对各自的工作领域拥有更全面、更准确的信息，他们的参与有助于企业制定出更容易被接受的考核标准。同时，考核标准应具备足够的灵活性，能够随着企业战略目标和市场环境的变化而适时调整。例如，当销售市场趋于饱和时，企业可能需要将考核重心从单纯的销售业绩转移到客户满意度或其他有益于公司长远发展的指标上。

在构建绩效考核体系时，还需平衡考核的深度与广度。许多企业的绩效考核体系过于强调员工对企业短期利益的贡献，而忽视了员工对长期价值的创造，这可能导致员工行为趋于短期化。为了避免这一问题，企业应综合考虑财务指标与非财务指标，如产品质量、创新能力、客户满意度等，以全面评估员工的工作绩效。

最终，企业需基于自身的特点、战略目标和竞争环境等因素，定制化地打造绩效考核体系。一个科学的绩效考核体系应能真实反映员工的工作成效，并与公司的战略目标和价值观契合。只有这样，企业才能有效实现激励目标，推动自身稳健发展，并确保员工的个人成长与企业的整体成功相互促进。

五、经典案例：华为的激励机制分析

自华为技术有限公司（简称“华为”）成立以来，经过20多年的发展，它已经成为国内最大、全球第二大通信供应商，同时也是全球领先信息与通信解决方案提供商。华为能够取得今天这样的不凡成绩，离不开对人才的高度重视和精心培育。其中，完善的人才激励机制成为吸引、培养和留住优秀人才的关键，为公司的创新和发展提供了不竭动力，助力华为在全球信息与通信行业保持领先地位。下面我们就来具体看一看华为的人才激励机制的特点，以及这种机制的优势和可能存在的局限。

1. 公司概况

华为，作为一家员工持股的民营科技公司，专注于电信设备的生产与销售，以及提供创新的电信网络解决方案。在过去的20多年里，华为通过持续深化管理和运营改革，成功构建了一个内部运作高效、运营风险可控的大型企业。该公司巧妙地将战略目标转化为各层级组织的绩效目标，并通过述职制度、员工个人绩效承诺管理，以及强化绩效考核结果运用等方式，确保公司、组织、个人目标保障高度一致，从而有效支撑了战略目标的实现。

2. 激励机制

（1）物质激励机制。

物质激励是所有激励方式中最直接、最普遍的。目前最常用的两种物质激励机制是薪酬激励和股权激励。华为在这两种激励机制上，均有比其他公司更加完善、合理的方面。

①薪酬激励。

关于华为的人才激励机制，任正非曾说："我们是摸着石头过河，没有理论基础。我们的激励机制主要有两个方面：一是不让雷锋、焦裕禄吃亏，不让焦裕禄累出肝病，不让雷锋穿破袜子；二是集体奋斗。"

华为致力于确保在经济繁荣和事业发展良好时期，员工的人均年收入高于同行业最高水平。因此，华为被誉为"三高"企业，即高效率、高压力和高薪酬。任正非坚信高薪酬是激励员工的第一推动力，华为提供的薪酬待遇可与国际企业媲美。总体来看，华为的薪酬水平在中国是无可比拟的。

华为的薪酬激励制度设计紧密结合企业的发展战略，确保"对外具有竞争力，对内具有公平性"。这样的设计有助于吸引和留住人才，并充分发挥他们的才能，为企业的持续发展提供动力。

华为薪酬激励机制的独特之处不仅在于其高薪酬，更在于其对"公平"的坚持，这是华为薪酬体系的核心。华为主张不让雷锋式的无私奉献者吃亏，同时也不让不努力的人占便宜。任正非强调，华为的薪酬制度不能变成福利制度。如果公司资金充裕，应考虑捐献给社会。薪酬应该激励员工在退休前依靠奋斗和努力来获得。如果员工不努力、不奋斗，无论他们多么有才能，也只能请他们离开公司。

薪酬的公平性不仅取决于公司的经济状况、领导者的决策魄力和品德，还需要整个公司的价值观念、评价体系和道德体系的支持。这需要科学的考核制度和系统性管理相结合。发放高薪固然不易，但要实现既高薪又公平的薪酬分配则更具挑战性。由此可见，华为薪酬激励机制的独到之处，正是其对"公平"的坚持。

②股权激励。

按照经营者与股权收益之间基本权利和义务关系的不同，股权激励方式通常分为三种类型。

现股激励：企业通过奖励或参照股权当前市场价值向经营者出售的方式，使经营者即时地直接获得股权。

期股激励：企业与经营者约定在将来某一时期内以一定价格购买一定数量的股权，购股价格一般参照股价的当前价格或按照约定的公式进行计算。

期权激励：企业给予经营者在将来某一时期内以一定价格购买一定数量股权的权利，经营者到期可以行使或者放弃这个权利，购股价格一般也是基于股权的当前价值或预定规则进行计算。

自1992年开始，华为推行了员工普遍持股制。员工在入职满1年后，公司根据其职位、表现、工作业绩等分配一定数额的内部股票。员工一般使用自己的年度奖金购买这些股票，购买价格通常较低。如果新员工年度奖金不足以支付派发的股票额，他们可以申请华为的贷款，并用后续的分红抵还贷款。据统计，华为内部员工投资回报率高的时候甚至超过了80%。

这种制度极大地增强了员工的凝聚力，有效吸引和留住了优秀人才，使员工与公司利益紧密相连。员工在享受公司提供的利益的同时，也会自觉地与公司共同承担风险。

但这一制度本身也存在一定的缺陷。为了应对这些挑战，华为对股权激励制度进行了进一步的改进。

2001年，华为对内部股权进行了变革，引入了“虚拟受限股”概念，不再直接给新员工分派内部股票，老员工所持的内部股票也逐步转化为期权。改革后，员工的薪酬结构更加多元化，包括职工工资、奖金、福利等，这些与员工的责任、贡献和绩效挂钩。奖金的分配完全与部门的关键绩效目标和个人绩效挂钩，而退休金等福利的分配则依赖于工作态度的考评结果。医疗保险的分配也按照级别和贡献进行计算，从而形成了不同员工之间的待遇差距。这种改革确保了员工必须持续进步，不能仅依赖股票分红而忽视个人的努力和发展。

（2）精神激励机制。

一般而言，除了物质需求能产生行为动机外，精神需求同样能激发强大的行为驱动力。企业员工追求的不仅仅是物质回报，他们还渴望通过参与企业运营获得社会的尊重，并通过工作实现自我价值。过去，许多企业在激励策略上常存在偏颇，要么过于强调精神激励而忽略物质激励，要么相反，结果都不尽如人意。华为深刻认识到平衡物质激励与精神激励的重要性，并提出了将两者结合的激励机制，通过两种激励方式的动态平衡，确保企业员工能够保持长期持久的动力。

①荣誉激励。

华为特别设立了一个荣誉部，该部门专注于两项工作：一是颁发荣誉奖项，这些奖项在业务领域内备受推崇，是每位员工都渴望获得的；二是报道和宣传典型事件，将员工对公司的贡献视为“英雄事迹”，进一步提升员工的荣誉感和归属感。

对于被派往海外任职的员工，华为会举办盛大的欢送会。欢送会场面宏大，以红色为主色调，象征热烈与奋进。欢送会的背景墙上写着激励人心的标语，为员工出征海外赋予崇高而庄严的意义。任正非在欢送会上强调，员工前往海外工作不仅是为了个人和公司的发展，更是体现了对国家繁荣的贡献。他将市场拓展行为比喻为战斗，将出征员工比作革命年代的志士，激发了员工的爱国热情和使命感。

虽然这样的活动有时会受到外界的质疑，但身处其中的员工能够感受到强烈的振奋和感动。正如社会心理学家古斯塔夫·勒庞所言，当群体以名誉、光荣和爱国主义为号召时，最有可能对群体中的个人产生影响。

根据马斯洛的需求层次理论，尊重需求和自我实现需求属于高于生理需求和安全需求的较高层次的需求。华为的荣誉激励机制正好满足了员工的尊重需求和自我实现需求。在竞争激烈的现代社会中，华为通过满足员工的高层次需求，让他们拥有归属感、成就感，从而更有效地留住和激励人才。

②职权激励。

华为深知员工对企业成功和持续发展的重要性，因此构建了五级双通道模型（图5-1）。“五级双通道”就是将员工的职业发展设计为管理和专业两个基本通道，每个通道上又纵向划分出五个职业等级。这样，员工就可以根据自身特长和意愿，既可以选择管理通道发展，也可以选择专业通道发展。

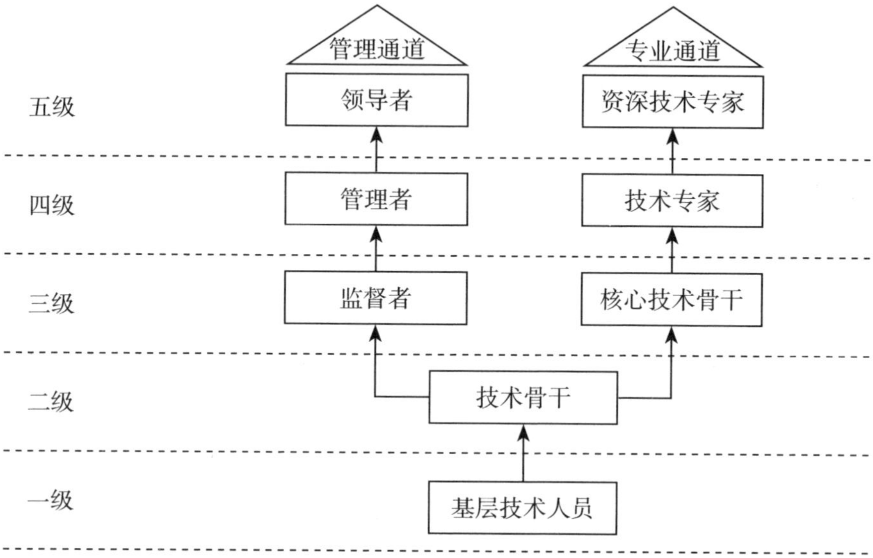

图5-1　华为五级双通道模型

管理通道通常分为三个层级，即监督者（三级）、管理者（四级）和领导者（五级），它们分别对应我们通常说的基层管理者（如团队负责人或主管）、中层管理者（如部门经理）和高层管理者（如公司的高级领导，包括CEO、总裁等）。除了少数“空降兵”以外，基层管理者一般是从优秀的技术骨干中选拔产生。

专业通道一般分为五个等级，从初级到高级依次是：一级为基层技术人员，即入门级的专业人员，如助理工程师或技术员；二级为技术骨干，即具备一定工作经验的专业人员，如工程师；三级是核心技术骨干，即经验丰富的高级工程师或资深专业人员；四级是技术专家，他们不仅要在技术领域有深入研究，而且可以指导和培养其他技术人员；五级是资深技术专家，他们在专业领域具有权威性，对公司的发展和技术创新有着重要的影响。

在华为，员工可以根据自己的特长和兴趣选择适合的职业发展路径。例如，技术人员在获得技术资格二级之后，可以根据自己的意愿选择转换到管理通道发展，或者继续在专业通道上发展，直至成长为资深技术专家。

此外，华为还强调员工的全面发展，鼓励员工跨专业、跨领域发展，以及跨地域发展，提供全球化的发展平台与机会。员工在职业发展过程中，可以得到循环赋能与流动的机会，通过组织性调配机制和内部人才市场，促进员工合理流动，帮助员工成为综合型人才。

3. 激励机制的优势和局限性分析

（1）优势分析。

①成效显著。华为的激励机制显著提升了员工的工作热情，尤其是在销售和研发两大关键部门，这种机制吸引了一批批对技术充满热情和对事业有执着追求的人才。这些人才是华为能够在全球范围内保持技术领先和市场竞争优势的核心力量。

②理念先进。华为注重建立公平、结果导向的激励机制，并采用潜力评估作为评判标准，这些理念不仅提高了员工的积极性，也提高了其工作效率，是华为能够在竞争激烈的通信市场中生存并发展壮大的重要原因之一。

③晋升体制完善。华为提供了一个基于能力的晋升机会，确保每位员工都有平等的晋升可能。这不仅能激发员工的潜能，还能促进员工对管理层的心理认同和服从。这有助于在业务和管理上保持连贯性，避免脱节。

④分配合理。华为的股权激励机制通过合理的股权分配，将公司员工紧密地团结在一个共同的利益体系中。通过改革激励制度，华为不仅激励了新员工的积极性，同时也防止了老员工的懈怠，确保了公司的持续稳定发展。

（2）局限性分析。

①业绩评价方法单一。随着企业规模的扩大和市场竞争的加剧，华为传统的以成本和利润为主要指标的业绩评价方法已无法全面反映经营者的经营业绩。为了更准确地评估员工的绩效，华为需要引入更多元化的评价指标，以全面评估员工的贡献。

②缺乏稳定的职业生涯规划。由于公司发展迅速，很多技术出身的管理者可能对管理的规范化流程不适应。这导致公司缺乏一个成熟的经理人市场环境和稳定的职业生涯规划机制，使得企业的管理者们常常面临职业生涯的不确定性和危机感。

③制度不具有普适性。虽然华为的“三高”工作特征和激励模式在某

些情况下能够激发员工的积极性，但这并不适合每个人，特别是身体素质不是特别好的员工。过分注重结果的激励机制可能使员工陷入超负荷的工作状态，从长期来看，可能导致员工工作效率低下，甚至给其带来健康风险。因此，华为需要进一步完善其激励机制，以更好地满足不同员工的需求。

在竞争激烈的现代社会中，有效的激励机制是企业高效率的保证，也是企业成功的关键。华为的人才激励机制在过去的实践中已被证明是切实有效的，但从上面的分析中，我们不难知道，这样的激励机制仍然存在一些问题。大量事实证明，对人的管理仅仅依靠行政命令、强制手段或者物质激励，都是不奏效的，人才激励机制的核心需要不断创新以适应不断变化的市场需求。华为只有不断地创新自己的人才激励机制，顺应时代的需求，才能满足员工的发展需求，实现企业的可持续发展。

第二节　股权激励模式

1952年，菲泽尔公司（又名辉瑞公司）推出了世界上第一个股权激励计划，其初衷是为了避免高管过高的现金工资带来的高额个人所得税，将高管薪酬进行拆分，变成现金+股权的薪酬方式，降低现金薪酬金额，从而有效降低个人所得税。1956年，路易斯·凯尔索等人设计了员工持股计划，他们认为财富是由劳动和资本共同创造的，因此劳动和资本应该共同分享财富。随后，高管股权激励、员工持股激励模式逐步扩散开来。中国企业从20世纪90年代开始接触和了解股权激励，并开始试点。万科在1993年首先开始股票期权实验，随后其他企业也开始尝试这一模式。1997年，股票期权制度在上海仪电控股（集团）公司首次实行；1998年，天津泰达股份有限公司也进行了实施股票期权制度的探索；1999年7月，北京市下发了《关于对国有企业经营者实施期股激励试点的指导意见》。这些试点虽然得到了官方的认可和重视，但没有明确的法律法规作为依据。2002年，国务院办公厅转发了财政部、科技部制定的《关于国有高新技术企业开展股权激励试点工作的指导意见》，推动了我国国有企业股权激励的试点工作。自此，许多国有企业开始采取股票期权、期股、股票奖励等多种方式来激励经营者。近年来，随着全面实行股票发行注册制改革的启动，股权激励在A股市场中的普及度逐步提高，并不断有创新形式出现。股权激励已经成为许多上市公司吸引和留住人才的重要手段。

一、常见的股权激励模式及其特点

常见的股权激励模式包括股票期权、限制性股票、股票增值权、业绩股票、业绩单位、虚拟股票、管理层收购、员工持股计划。下面我们来分别看一下这些股权激励模式的特点。

1. 股票期权

股票期权激励模式，旨在通过给予激励对象在未来某一特定日期以特定价格购买公司股份的权利，激励他们为公司的长期目标努力。

具体来说，股票期权是公司向激励对象提供的一种选择权，允许他们在未来某一时间段内以约定的行权价格购买公司的股票。如果行权期内公司股价上涨，超过行权价格，那么激励对象就可以通过行权获得收益，这个收益等于市场价与行权价格之间的差额。反之，如果股价下跌，低于行权价格，激励对象通常会选择不行权，因为他们可以以更低的市场价格直接购买股票，认为行权并不划算。

股票期权的特点在于，它给予激励对象一种潜在的收益机会，而这种收益机会与公司的股价表现直接相关。因此，这种激励方式能够激发激励对象关注公司的长期价值创造，并努力提升公司的业绩。同时，由于股票期权给予激励对象的是一种权利而非义务，激励对象可以根据自己的判断和公司的股价表现来决定是否行权。

2. 限制性股票

限制性股票激励模式，即公司按照预先确定的条件授予激励对象一定数量的本公司的股票，但这些股票的权利存在出售或转让方面的限制，这些限制通常包括时间限制和业绩条件限制。

具体来说，限制性股票在授予时通常会设定一个禁售期（lock-up period），在禁售期内，激励对象不能出售或转让这些股票。禁售期结束后，根据激励计划的约定，这些股票可能仍然会受到某些限制，比如分期解锁或满足特定业绩条件后才能完全自由转让。

限制性股票的激励作用主要体现在两个方面：

（1）利益绑定。通过限制性股票，公司将激励对象的利益与公司的长期发展绑在一起。激励对象只有在公司股价上涨、业绩提升等条件下才能获得收益，因此他们会更倾向于关注公司的长期利益，努力提升公司的业绩。

（2）风险共担。限制性股票通常要求激励对象在获得股票时支付一定的购买成本（通常远低于市场价格），这使得激励对象在享受公司股价上涨带来的收益的同时，也承担了公司股价下跌带来的风险。这种风险共担的机制有助于激励对象在工作中更加谨慎地决策，避免短视行为。

3. 股票增值权

股票增值权激励模式是一种长期激励模式，它授予激励对象一种权利，使他们能够基于公司股票的增值来获得收益，而无须真正持有或购买公司的股票。

在这种模式下，公司会设定一个基准价格（通常是授予日的股票市场价格或公司净资产值），并规定一个行权期限。如果在行权期限内，公司股票价格或净资产值上涨超过基准价格，激励对象就有权获得增值部分的收益。这个收益通常以现金、公司股票或股票与现金组合的形式支付。

股票增值权激励模式的优点包括无须实际购买股票、风险较低、激励效果显著、灵活性高等，但这种模式也存在一定的局限，比如可能给公司现金流带来压力、稀释股东权益等。

4. 业绩股票

业绩股票激励模式，根据激励对象达成的业绩目标，以公司流通股票为奖励手段，激励被激励者持续努力提升公司的业绩。

具体来说，业绩股票激励模式涉及以下关键点：

（1）业绩目标设定。公司首先会设定一系列业绩目标，这些目标通常是基于公司的财务或非财务指标，如净利润增长率、市场份额、客户满意度等。

（2）奖励确定。如果激励对象在一定期限内（如一个会计年度）达到了预定的业绩目标，公司将根据业绩达成情况，授予激励对象一定数量的公司股票。

（3）股票授予。公司按照之前确定的奖励数量和条件，向激励对象授予公司流通股票。这些股票可以从公司现有额度中拨出，也可以通过新股发行或其他方式获得。

（4）股票持有与转让。激励对象在获得股票后，通常需要按照一定规则持有这些股票，如锁定一定期限后才可转让。此外，公司可能会对股票的转让设置限制条件，如只能在特定时间或特定条件下转让。

（5）风险与收益。由于奖励的股票是公司的流通股票，其价格受市场影响，激励对象需要承担一定的市场风险。如果公司业绩持续良好，股票价格上升，那么激励对象就可以从中获得收益。

5. 业绩单位

业绩单位激励模式与业绩股票激励模式在本质上相似，但支付方式有所不同。业绩单位激励模式是指企业每年预先给激励对象设定考核指标和奖励方案，包括绩效考核方法、奖金分配比例、奖金发放方式等。若激励对象完成考核指标，就实施业绩单位激励计划。

在实施过程中，企业通常将奖励分成两部分：一部分在考核结束后直接发放；另一部分则以风险基金的形式由企业代为保管，在激励对象合同期结束后再以现金形式发放。如果激励对象在工作中对企业发展造成不利影响，企业可以根据实际情况酌情从风险基金中扣除部分奖励。

业绩单位激励模式的优点在于，确保高层管理人员的收入是现金或者是市值等于现金的股票，除了受期初市盈率的价格影响外，该奖励不再受后期股价波动的影响。这种模式的衡量指标一般是股东大会通过的当年盈利指标，而不是年度增长率，这样处理起来可以更灵活。业绩单位激励模式的缺点则是衡量指标容易忽视企业长期发展利益。

6. 虚拟股票

虚拟股票激励模式，即公司授予激励对象一种虚拟的股票，这种虚拟股票使激励对象能够享受一定的分红权和股价升值收益。与传统股票不同的是，虚拟股票并不具有实际的所有权、表决权，也不能被转让或出售。

虚拟股票的特点主要包括以下三个：

（1）虚拟化。虚拟股票不同于一般意义上的企业股权，它只是一种虚拟化的股份，不涉及真实的股票交易和所有权转移。

（2）股东权益的不完整性。虚拟股票的持有者只能享受分红收益权，即按照持有虚拟股票的数量，按比例享受公司税后利润分配权，不能享受普通股股东的权益，如表决权等。

（3）无偿性。虚拟股票由公司以无偿赠送或奖励的方式发放给激励对象，不需要其出资购买。

7. 管理层收购

管理层收购，即公司管理层利用借贷等融资方式购买本公司的股份，从而改变本公司所有者、控制权和资产的结构，进而达到重组本公司并获得预期收益的一种收购行为。在管理层收购激励模式下，公司的管理层通过持有公司股份，成为公司的股东，实现所有权和经营权的统一。

管理层收购是杠杆收购的一种，它的主要目标是解决企业所有者和管理者分离产生的利益不一致问题。通过管理层收购，企业管理者可以拥有企业的一部分或全部股份，这样他们的个人利益就与企业的发展紧密联系在一起，从而激发他们的积极性和创造力。

8. 员工持股计划

员工持股计划允许企业内部员工出资认购本公司股份，从而成为公司的股东。这种模式通常由员工持股管理委员会或委托第三方金融机构作为社团法人进行运作和集中管理。通过这种方式，员工可以直接参与公司的决策过程，参与公司的成长和分享利润。

在实施员工持股计划时，企业需要设立员工持股管理委员会，指定该委员会负责统一管理员工股东的出资，并明确其职权和行为规范。同时，企业还需要进行员工持股计划的设计，包括确定收益人的范围与数量、控制员工持股总量、制定员工股票的分配方案、规定员工股票的托管方式，以及设定员工股票的出售规则等。在实施过程中，企业还需要考虑政策允许程度、激励效果评价、财务计划以及股东意愿统一等因素。

常见股权激励模式的特点见表5-1。

表5-1　常见股权激励模式的特点

激励模式	短期激励性	长期激励性	约束性	现金流压力	股价变动
股票期权	小	中	大	小	大
限制性股票	小	中	大	小	中
股票增值权	中	中	中	大	大
业绩股票	大	大	中	中	中
业绩单位	大	小	小	中	小
虚拟股票	大	中	中	大	中
管理层收购	大	大	大	小	大
员工持股计划	中	中	中	小	大

二、股权激励模式的选择

股权激励模式的选择涉及多个关键要素，包括股票来源、行业类型、企业所处阶段、企业现金流状况、金融市场的成熟度等。下面我们来分别看一看这些因素。

1. 股票来源

不同的股权激励模式对股票来源有不同的要求。例如，股票期权、限制性股票、业绩股票、管理层收购、员工持股计划激励模式都需要企业持有一定数量的股票用于激励。而业绩单位、虚拟股票、股票增值权激励模式则不需要企业实际持有股票，它们通过模拟股票的表现给予激励对象激励。

在国外，企业主要通过两种方式获取实施股权激励所需的股票：一是向内部发行新股，二是在证券市场上回购股票。在中国，由于当前《公司法》的限制，上市公司在发行新股时并没有关于预留股票以实施股权激励计划的明确先例。同时，《公司法》也规定公司不得随意回购本公司股票，除非是为了减少公司资本或进行公司合并等。

因此，在中国实施股权激励计划，股票来源问题就变得尤为复杂。由于缺少法律和政策的支持，企业通常需要通过其他途径解决股票来源问题。在这些限制条件下，虚拟股票、股票增值权等激励模式因其不需要实际持有股票的特性，成为企业较好的选择。这些激励模式能够绕过股票来源限制，通过与公司股票价值的增长挂钩来激励员工，从而有效促进公司的长期发展。

2. 行业类型

不同行业的企业在选择股权激励模式时需考虑其行业特性。例如，技术密集型企业大多依赖科技人员的专业知识创造财富。这类企业员工虽少，但人均贡献巨大，因此传统的薪酬激励或短期现金奖励难以充分激发员工潜力，可能引起人才流失。在这种情况下，实施员工持股计划等让员工拥有公司股份的激励模式，更能激发他们的积极性。

对于劳动密集型企业，由于员工众多，其主要激励对象则为经营管理层。在股权激励实施过程中，企业应综合评价管理层的业绩和贡献，并将其收益与企业的经营成果紧密关联。股票期权、业绩股票或管理层收购等激励模式较为适宜，因为它们能直接将员工的个人利益与企业的长期发展目标相结合。

3. 企业所处阶段

企业所处阶段对选择股权激励模式及其实施效果具有显著影响。在企业初创期，由于公司业绩有巨大的提升空间，股票价格相对较低，股票增值潜力巨大。此时，企业可以采用依赖股票增值的激励模式，例如股票期权或股票增值权激励模式。这些激励模式将企业、股东和受益人的利益紧密结合，形成强有力的激励机制，促进企业的长期发展。

处于稳定发展阶段的企业，通常规模较大且利润稳定，股价波动较小。在这种情况下，企业可以考虑从利润中提取一部分资金作为奖励，以激励员工。这种方法既不会为企业带来较大的现金流压力，也能确保受益人获得实实在在的回报。对于这类企业，业绩单位激励模式是一个合适的选择。

4. 企业现金流状况

企业在选择股权激励模式时，必须考虑其财务状况，尤其是现金流状况。现金流是衡量企业财务健康的关键指标。如果现金流充裕，企业就可以考虑实施业绩股票、业绩单位或股票增值权等增值型激励模式。这些激励模式将员工的业绩与企业的财务增长直接挂钩，激发员工的积极性，促进企业的发展。

相反，如果现金流不足，无法承担高额现金激励，企业就需要采取更为灵活的策略。这时，企业可以选择市场承担成本的激励方式，例如授予激励对象一定比例的流通股。激励对象将依靠企业股票价格的上升获得收益。因此，股票期权和管理层收购等现金流压力较小的激励模式将更为合适，这些激励模式既能减轻企业的现金流压力，又能有效激励员工，为企业的长期发展提供助力。

5. 金融市场的成熟度

金融市场的成熟度在决定股权激励模式时扮演着关键角色，尤其是在股票价格的形成机制上。一般来说，股价可以反映企业的业绩、价值和增长潜力，但在现实中，企业的股价与其业绩增长的相关性并不总是紧密。为了降低市场效率不足对激励效果的潜在负面影响，企业可以采取更为多元化的股权激励策略。比如，通过结合股票期权、业绩股票、股票增值权等多种激励模式，企业可以构建一个更加全面和灵活的激励体系。这种多元化策略不仅可以有效激发员工的积极性和创新能力，推动企业持续健康发展，还能分散单一激励模式可能带来的风险，增强企业的抗风险能力，从而为企业的稳健运营提供支持。

第三节　股权激励计划的制定及实施

一、股权激励计划的制定

1. 定目的

企业在实行股权激励计划之前，首先需要明确该计划的目的。在设置股权激励目的时，企业需要考虑企业的发展阶段、所处行业的特性、管理层短期获利行为等因素。

（1）企业的发展阶段。

企业的发展阶段通常分为积累阶段、发展扩张阶段、融资上市阶段以及衰退阶段。

积累阶段，企业的主要目标是招募人才。此时的股权激励计划应聚焦于吸引人才，特别是高级管理人员。通过股权激励计划，将高级管理人员的利益与企业的利益紧密绑定，确保他们所做的管理的决策能够符合企业的长远利益。此时的股权激励计划主要解决的是企业的委托代理问题，实现高级管理人员以股东身份参与管理与决策。

进入发展扩张阶段后，企业的目标就是实现业绩的大幅提升和商业版图的扩张。此时，股权激励计划的实施对象应不仅限于高级管理人员，还应包括企业的核心技术人员和销售精英等。在这一阶段，股权激励将是整个企业激励体系中的核心。这时候的考核也以年度业绩收入增长为主要指标，鼓励高级管理人员和核心员工为实现企业的长期战略目标而努力。

融资上市阶段，股权激励计划应保持发展扩张阶段的激励水平，并进一步增加激励人数和扩大激励范围。此时，股权激励的主要目的是稳住高级管理人员和核心人员，确保人力资源、内部控制与企业业绩等各项指标保持稳定，从而增加企业的融资成功率，顺利推动上市进程。

衰退阶段，股权激励计划应根据企业现有实际情况，由董事会审慎决策。此时，股权激励的目标可能更加多样化，旨在稳定企业运营、调整业务模式或进行重组等。

总之，企业在实行股权激励计划前，应充分考虑企业的发展阶段和实际情况，明确激励目标，合理设计激励计划，以确保股权激励计划能够有效促进企业的长期稳定发展。

（2）所处行业的特性。

不同行业的企业在发展阶段、市场环境、竞争态势、人才依赖度等方面存在显著差异，这些差异直接影响股权激励目的。例如，智力服务、高科技、互联网等行业中的企业，人才和技术创新是推动企业发展的关键因素，因此这些行业中的企业在设置股权激励目的时，往往会更加关注如何吸引和留住人才。而资金密集型和资源垄断型行业中的企业，虽然对股权激励的需求相对较少，但在特定发展阶段或市场环境下，企业也可以通过股权激励来优化治理结构，提高管理效率和应对市场竞争。

（3）管理层短期获利行为。

在设置股权激励目的时，企业需要特别关注管理层短期获利行为的风险，无论是大型上市公司还是中小企业，都需要对此有所警觉。在制定股权激励计划时，企业需采取一系列措施约束管理层的权力，防止他们为了短期利益而妨碍企业的长远发展。

2. 定对象

企业在确定股权激励对象时需考虑以下几个因素。

（1）识别关键且难以替代的员工。

股权激励应首先针对那些对企业未来发展至关重要且难以替代的员工。这些员工通常具备独特的技能、经验或洞察力，能够为企业创造显著价值。员工在企业不同发展阶段，即便岗位相同，其影响力也可能大相径庭。因此，企业在制定股权激励计划时，必须深入分析这些核心员工的特点，确保激励措施能够精准地针对这些关键人才实施。

（2）是否认同企业文化理念。

除了员工的专业技能和对企业产生的贡献外，员工对企业文化理念是否认同也是确定股权激励对象时的关键考量因素。员工只有真正认同企业文化理念，才能与企业形成共同的价值观和使命感，进而更加积极地投入工作。

（3）是否认同企业愿景并理解股权价值。

确定股权激励对象时还需考量员工是否认同企业愿景并理解股权价值。员工只有对企业未来的发展前景充满信心，才能对股权激励产生真正的兴趣。因此，企业在实施股权激励计划时，应向员工清晰传达公司的愿景和发展战略，确保他们认同企业发展愿景，理解企业的股权价值，只有这样，才能真正激发他们的工作热情和创造力。

（4）难以考核的工作岗位。

对于那些难以通过传统考核方式进行评估的工作岗位，股权激励也可以成为一项有效的激励措施。这些岗位往往要求员工具有高度的自主性、创新性，这个时候企业就可以用股权激励的方式激励员工更加主动地投入工作，提升其工作效率，促进其出成果，进而推动企业实现长期发展目标。

（5）历史贡献较大的老员工。

老员工是企业成长不可或缺的基石，他们在企业的发展过程中做出不可磨灭的贡献。在制定股权激励计划时，也需考虑对这些历史贡献显著的老员工进行激励。这样的激励不仅是对他们过往努力的认可，也是对他们未来继续为企业发展做出贡献的鼓励和期待。

（6）法律规定的股东人数限制。

在设计和实施股权激励计划时，企业必须严格遵守法律规定的股东人数限制。根据相关公司法规定，有限责任公司的股东人数应当在50人以下，非上市的股份有限公司的股东人数应当在2人以上200人以下（新三板挂牌的股份公司可能有不同的规定）。这一点对于确保股权激励计划的合法性至关重要。企业在确定股权激励对象时，应充分考虑股东人数的限制，以确保计划的合规性，并有效实施激励措施。

3. 定模式

企业类型和相关法律法规显著影响企业股权激励模式的选择。在探讨这一问题时，我们可以根据企业的所有权性质和是否上市将企业分为以下几类：民营非上市公司、民营上市公司、国有非上市公司和国有控股上市公司。这些不同类型的企业在选择股权激励模式时，面临的法规约束和操作自由度各有差异。

民营非上市公司在选择股权激励模式时，通常享有较高的灵活性。由于这类企业不受上市公司股权激励相关法规的直接约束，它们可以根据自身的实际情况和发展需求，自主选择合适的股权激励模式。这种灵活性有助于企业在吸引和留住关键人才、激发员工创新活力等方面发挥作用。

对于上市公司，包括民营和国有控股的上市公司，其股权激励计划需要遵循《上市公司股权激励管理办法》等相关法规。这些规定旨在保护投资者利益，确保股权激励计划的公平性和透明度。上市公司在选择股权激励模式时，必须在满足法规要求的同时，兼顾企业的长远发展和员工的激励需求。

特别地，国有控股上市公司在选择股权激励模式时，除了要遵守《上市公司股权激励管理办法》外，还需遵循针对国有企业的特定政策，如《国有控股上市公司（境内）实施股权激励试行办法》等。这些政策的目的是确保国有资产的保值增值，防止国有资产流失。因此，国有控股上市公司在制定股权激励计划时，必须严格遵守相关政策规定，确保激励计划符合国有资产监管的要求。

国有非上市公司在实行股权激励时，有多种模式可供选择，如限制性股票、股票期权、股票增值权、业绩股票和员工持股计划等。每种模式都有其独特的优势和适用情况，企业应根据自身特性和政策环境选择最适宜的激励方式。特别是国有科技型企业，在实施股权激励时还需参照《国有科技型企业股权和分红激励暂行办法》，该办法为激励对象的选择、业绩考核和激励方式提供了具体指导。

总之，企业在选择股权激励模式时，需要根据自身的类型、实际情况以及法规政策的要求，做出合理选择。这不仅有助于确保股权激励计划的有效实施，还能促进企业的长期发展，满足员工的激励需求。

4. 定数量

在法律法规框架内，民营非上市公司在股权激励总量方面拥有较大的自主权，可以根据公司的实际情况和发展战略灵活决定股权激励总量。这种灵活性为民营非上市公司提供了更多的操作空间，使得它们能够根据自身特点制定更加贴合自身实际需求的股权激励计划。

与之形成鲜明对比的是，上市公司在股权激励总量上受到更为明确的法规限制。根据中国证监会的相关规定，上市公司股权激励总量不得超过公司总股本的10%，首次实施股权激励计划时，授予的股权数量原则上应控制在上市公司股本总额的1%以内。此外，任何一名激励对象通过全部在有效期内的股权激励计划获授的本公司股票，除非经过股东大会特别决议批准，否则累计不得超过公司股本总额的1%。

在制定股权激励计划时，企业需充分考虑公司的人力资本依附性和资金门槛。对于那些高度依赖人力资本的公司，如科技型企业、创新型企业等，其股权激励总量应适当大一些。这是因为这类公司的人力资本往往具有较高的价值，通过股权激励可以更好地激发员工的积极性和创造力，促进公司的长期发展。而对于那些资金门槛较高的传统制造业、重资产行业内的公司，股权激励总量则可以适当小一些。这是因为这类公司的运营和发展更多地依赖于资金和资源的投入，股权激励的作用相对有限。

总之，企业应充分考虑公司的实际情况和发展战略，确保激励计划既符合法律法规的要求，又能有效激发员工的积极性和创造力。

5. 定时间

在现代商业环境中，股权激励已成为许多企业吸引和留住人才的重要手段。然而，部分企业对股权激励的必要性仍存在许多误解。一个常见的误区是，只有当企业发展到较大的规模时才需要考虑实施股权激励。这种观点忽略了股权激励在企业发展中的多重作用。

我们必须认识到，企业的发展水平在很大程度上受人才能力和心态的影响。股权激励作为一种激励机制，能够激发员工的积极性和创造力，提升他们的工作满意度和忠诚度。通过赋予员工股权，企业可以让员工感受到自己是企业的一分子，从而更加投入地为企业的发展贡献力量。

人性中的趋利避害本性决定了人们总是追求自身利益的最大化。股权激励通过将企业的利益与员工个人的利益紧密绑定，使员工在追求个人利益的同时，也促进了企业的发展。这种利益共享的机制有助于形成员工与企业之间的利益共同体，增强企业的凝聚力和竞争力。

优秀的员工往往有着创业的梦想或更好的职业选择。股权激励可以为这些员工提供一个与企业共同成长的平台，让他们在为企业创造价值的同时，也实现自己的职业目标。这种双向的成长机会有助于吸引和留住优秀人才，为企业的持续发展提供强有力的人才保障。

企业的核心成员并不都是企业家自己的父母或子女，这意味着企业需要通过股权激励等机制来提升核心成员对企业的归属感和忠诚度。只有当核心成员真正将企业的成长视为自己的事业，他们才能全身心地投入企业的发展，为企业的长远利益着想。

在企业工作监管中，往往存在盲区或难以量化的领域。在这些领域，股权激励可以起到很好的补充作用。通过赋予员工股权，企业可以在一定程度上解决监管难题，激发员工在这些领域的积极性和创造力。这种激励机制有助于提升企业的整体运营效率和业绩水平。

股权激励并非只有在大规模企业中才具有意义。只要企业的发展受人才能力和心态的影响，只要人性中的趋利避害本性不变，只要优秀人才有创业的梦想或更好的职业选择，只要企业的核心成员并非企业家自己的父母或者子女，只要企业工作监管存在盲区或难于量化的领域，企业就应该考虑实施股权激励。企业通过股权激励，可以更好地凝聚人心，激发员工的积极性和创造力，促进企业的持续发展和竞争力提升。

6. 定来源

股权激励计划是企业用来激励员工、提高业绩的一种重要手段。激励股份来源和行权资金来源是股权激励计划成功实施的关键。

激励股份来源的选择，不仅影响着企业股东的权益分配，也关系到企业战略布局和未来发展。如果激励股份来源不合理，就会损害原有股东权益，甚至引发股东之间的矛盾和冲突。因此，在设计激励股份来源时，企业必须确保其股份合法性和合规性，同时兼顾所有股东的利益。

行权资金是指激励对象在行权时所需支付的资金，其来源对于激励对象能否顺利行权至关重要。如果激励对象原来薪酬不高，或者上市公司激励额度较大，行权资金来源问题可能会变得更加突出。如果无法有效解决这一问题，股权激励计划可能失去其应有的激励效果。为了应对行权资金来源的挑战，企业可以实施多种策略。例如，企业可以为激励对象提供贷款或担保，帮助他们解决资金问题。此外，企业还可以考虑引入第三方投资者，为激励对象提供资金支持。在制定这些解决方案时，企业需要进行充分的考虑和规划，确保方案的合法性和合规性，降低公司的财务风险。

7. 定条件

如果企业业绩或激励对象达不到行权条件或未及时行权怎么办？一般来说，我们要明确的是，股权激励计划通常会在合同中明确规定行权条件和行权期限。当激励对象未能满足行权条件时，该部分股权激励标的（即股份）将不得行权。这意味着，激励对象将无法获得该部分股份的所有权和相关权益。那么，这部分未能行权的股份该如何处理呢？根据常见的做法，企业通常会选择注销这部分股份，即将其从企业的股本中剔除。另一种方式是，企业按照原授予的价格予以回购，即企业以当初授予激励对象时的股票价格，将这部分股票重新买回。在实践中，企业通常会以激励对象支付的成本价加上相应的利息予以回购。这样做的目的是保障激励对象的利益，确保他们不会因为未能及时行权或未能满足行权条件而遭受经济损失。这样的处理方式既体现了企业对员工的关怀和尊重，也符合公平、公正的原则。当然，股权激励计划的具体操作和处理方式可能会因公司而异，企业可以根据具体情况制定更为灵活和人性化的政策。但无论如何，我们都应该明确一点：股权激励计划的核心目的是激励员工，提升公司业绩。因此，在处理未能行权或未及时行权的股份时，企业应遵循公平、公正、透明的原则，确保员工利益得到最大限度的保障。

8. 定规则

这里的规则主要指公司及激励对象发生异动的处理规则。例如，激励对象因辞职或公司裁员离职，对于其已获准行权但尚未行使的股票期权，应当在其离职之日终止行权，以确保公司的利益不受损失。这是因为，这些股票期权代表了企业对激励对象未来贡献的期待，一旦激励对象离职，这种期待便失去了存在的基础。同时，对于未获准行权的期权，应当直接作废，以避免产生不必要的纠纷。对于激励对象以个人名义购买的股权，企业在处理时应遵循公平原则。具体而言，如果激励对象因离职等原因需要转让股票，企业应当以原价回购，确保激励对象不会因离职而遭受不必要的经济损失。这样做不仅体现了公司对员工的尊重和关怀，也有助于维护企业的形象和声誉。当激励对象因正常的岗位调动造成职务发生变更时，其已获授的股权激励应当继续有效。这是因为，岗位调动是企业内部人员配置的常态，而股权激励作为一种长期的激励机制，不应当因短期的职务变动而受影响。这样做有助于保持股权激励的稳定性和连续性，为企业的长期发展奠定基础。然而，如果激励对象因职务变更成为不能持有企业股票或股票期权的人员，如降级、成为上市公司的独立董事或监事等，那么其尚未行权的激励股权应当终止行使，并由公司注销。这是因为，这些职务变更可能使激励对象与企业的利益产生冲突或不再符合股权激励的条件。为了维护企业的利益和股权激励的公平性，企业必须采取相应的措施进行处理。

二、股权激励计划的实施

股权激励计划一旦获得审批，企业便需委托专业股权律师协助完成以下关键任务。

1. 制定配套法律文件

律师应协助公司制定一系列配套法律文件，包括但不限于股权激励计划考核办法、股权激励协议、股权授予通知等。这些文件将明确股权激励的目标、条件、程序和考核机制，确保所有条款的合法性和合规性，同时保护公司和员工的合法权益。

2. 协助决策机构

在股权激励计划的实施过程中，股东（大）会、董事会和薪酬委员会等关键决策机构将参与其中。律师需要协助制作会议决议，确保决议内容符合法律法规和公司章程的要求，并提供法律咨询和建议，以确保会议的顺利进行和决议的有效性。

3. 草拟或审核股权变动相关文件

随着股权激励计划的实施，股权的获得、变更和丧失是常见现象。律师需协助公司草拟或审核相关文件，例如股权转让协议、股权变更通知等，确保这些文件的合法性和合规性。同时，律师应关注员工的股权变动情况，提供法律咨询和指导，帮助员工了解自身权益和义务。

4. 修改公司规章制度及劳动合同

股权激励计划的实施可能需要对公司的规章制度和劳动合同进行相应的修改。律师需协助公司梳理现有规章制度和劳动合同，提出修改意见和建议，确保修改后的文件既符合法律法规的要求，又能有效保护公司和员工的合法权益。

5. 办理工商变更登记等手续

随着股权激励计划的实施，公司股权结构可能发生变化，需要进行工商变更登记。律师应协助公司准备相关申请材料，确保申请材料的完整性和准确性，并关注工商变更登记过程中的法律风险和合规问题，提供必要的法律咨询和指导，以确保工商变更登记的顺利进行。

6. 履行信息披露义务

对于上市公司和全国中小企业股份转让系统挂牌公司，股权激励计划的实施还需其履行信息披露义务。律师需协助公司根据相关法律法规和监管要求，及时、准确地披露股权激励计划的相关信息，包括计划的目的、范围、条件和实施方式等。同时，律师还需关注信息披露过程中的法律风险和合规问题，为企业提供法律咨询和指导，确保信息披露的合规性和有效性。

通过这些措施，企业可以确保股权激励计划的合法合规实施，同时维护公司和员工的合法权益，促进公司的长期稳定发展，并保障投资者和市场参与者的知情权。

第四节　影响股权激励计划实施效果的主要因素及改进策略

2012年12月24日，山东国瓷功能材料股份有限公司（简称“国瓷材料”）的董事长向72名激励对象授予了共计205万份股票期权，每份股票期权的行权价格为32.25元，占公司总股本的比例约为3.3%。此次授予的股票期权的授权日也被正式确定为2012年12月24日。若所有授予的股票期权均如期行权，那么这205万份股票期权的总激励成本将达到1864.04万元。而与之相比，2011年国瓷材料的高管年度薪酬总额仅为114.06万元。根据激励计划的规定，自授权日起1年后，激励对象可以在接下来的3个年度（即2013—2015年）内，分3个行权期依次行使期权，每期的行权上限分别设定为授予数量的40%、30%和30%。

上述内容是鲁股国瓷材料在2012年12月24日推出的股权激励方案。这一方案的核心目的是将公司管理人员的个人利益与公司股东的长期利益紧密结合，从而避免传统薪酬制度（主要基于基本工资和年度奖金）可能导致的管理人员行为短期化倾向。

然而，从执行过程来看，企业也遇到了一些挑战。例如，有13名受激励的高管因个人原因辞职，导致部分股票期权被收回。此外，国瓷材料还终止了对部分激励对象的激励，这可能意味着这些激励对象并未完全达到公司的期望或公司的业绩并未达到预期水平。另外，从国瓷材料的股价表现来看，行权价格从29.40元调整为14.65元，而2012年末的收盘价格仅为10.6元，显然低于行权价格，这可能导致激励对象感到行权无望，从而影响他们的积极性和工作动力。

下面，我们来看一下哪些因素会影响股权激励计划实施效果，以及如何提升股权激励计划的实施效果。

一、影响股权激励计划实施效果的主要因素

股权激励作为一种重要的企业管理工具，具有优化企业治理结构、降低代理成本、降低道德风险、吸引和留住高级管理人才等多重作用。然而，股权激励计划的实施效果会受多种因素的影响，主要包括以下四种。

1. 资本市场的有效性

股权激励计划的有效实施依赖于一个有效、成熟的资本市场。理想状态下，股价的持续上升通常意味着企业价值的提升，这能够激励员工更加努力工作，吸引并留住优秀人才。但在我国，资本市场仍在不断完善中，股价与企业真实价值的背离现象时有发生。这种情况下，股权激励计划可能面临一定的挑战。比如，企业管理人员可能为了追求个人收益而采取短视行为，忽视企业的长期利益。因此，为了充分发挥股权激励计划的作用，政府需要进一步完善资本市场。

2. 企业治理结构

在我国上市公司中，董事会与经营层的高度重合现象非常普遍，董事长兼任总经理的设置可能导致决策权和执行权过于集中，从而产生利益冲突和权力滥用的风险。此外，如果独立董事的比例不足，股权激励计划可能无法有效代表所有股东的利益，而变成董事会自我激励的工具，这不仅削弱了股权激励的正面作用，还可能引发道德风险和违规行为，损害企业的长期发展和股东利益。

3. 股票来源

在实施股权激励计划时，股票来源是一个需要细致考虑的问题。虽然相关政策和法律框架正在不断完善，但企业仍需探索多种途径来解决股票来源问题。

一种有效的解决方案是，企业可以通过发行新股或回购股票的方式，预先储备一定数量的股票，以满足未来的股票期权行权需求。在进行这些操作时，企业需遵守相关法律法规，并考虑到对现有股东权益的影响。为了减少对市场的冲击，企业可以采取逐步释放股票的策略，通过精心设计和计划，确保这些活动符合监管要求和市场预期。

此外，企业还可以通过改进股票激励制度的设计来降低对股票来源的依赖。例如，采用业绩股票的方式，将股票权益与员工的绩效紧密挂钩，员工只有达到一定的绩效标准，才能获得股票。这样的设计不仅可以有效激励员工，提高其工作积极性，而且还可以避免因股票来源问题而影响股权激励计划的实施效果。

通过这些措施，公司可以确保股权激励计划的顺利实施，同时保护现有股东的利益，促进公司的长期稳定发展。

4. 行权价格

行权价格是股权激励机制中的核心问题之一，它直接关系到股权激励机制的成败，并与政府、投资者、企业等各方利益相关者的权益紧密相连。行权价格，即股票期权的执行价格，是持有者行使期权购买或出售股票时支付的价格。在确定行权价格时，企业需要综合考虑市场供需关系、公司业绩、行业前景等客观因素，以及市场情绪、投资者预期、公司管理层决策等主观因素。

对于上市公司，行权价格通常参考市价和发行价来确定。市价反映了市场对公司当前的整体评价，而发行价则是公司首次公开发行股票时的价格。这两个价格点都受公司业绩和市场情绪等因素的影响，并需要符合中国证监会等监管机构的相关规定。

非上市公司由于缺乏公开市场的价格信息，其行权价格的确定可能更加依赖于每股净资产和每股面值。每股净资产体现了公司的净资产价值，而每股面值则是股票的名义价值。在缺乏公开市场的价格信息的参考的情况下，非上市公司的行权价格可能更多地受公司内部因素和管理层决策的影响。

在定价过程中，企业应确保行权价格的公平性和合理性，既要激励员工的积极性，又要保护公司和股东的利益。企业通过综合考虑各种因素，制定合理的行权价格，提高股权激励计划的有效性和吸引力。

二、如何提升股权激励计划的实施效果

1. 完善企业治理结构

股权激励计划的成功实施需要一个健全的内部治理结构作为基础。在上市公司中，常见的问题是股东大会、董事会和监事会的功能未能得到充分发挥，这种现象被称为“形式化”。为了确保股权激励机制能够发挥最大效用，企业必须对这些治理结构进行实质性的改进，确保它们能够真正代表和维护所有股东的利益，提高决策的质量和透明度。

2. 改进股票来源

股权激励计划的实施可能会受现行法律法规的限制。法律的完善是一个逐步的过程，企业在此期间可以探索创新股票来源方式。例如，企业可以考虑通过信托机构持股，利用其专业运作和风险管理能力，降低个人投资者的风险，增强市场稳定性。同时，企业也可以设立职工持股计划或通过工会持股，这不仅能提升员工的归属感和参与度，还能增强企业的凝聚力，促进证券市场的健康发展。

3. 改进行权价格的设定策略

行权价格是股权激励计划中至关重要的部分，它的设定需要考虑资本市场的当前状况和预期走势。行权价格的合理设定能够直接影响期权的吸引力和员工的参与度。

对于那些市场价高于净资产但低于发行价的公司，行权价格可以设定在市场价之上，同时不低于发行价和净资产的平均值，以确保激励的有效性。这样的策略鼓励员工长期持有公司股票，并在股价上涨时获得收益。

当市场价超过净资产和发行价时，行权价格应设定在两者之上，以它们的平均值为参考，平衡公司与员工利益，确保员工在股价上涨时得到合理回报，同时避免因股价过高而带来的风险。

如果市场价跌破股票面值，公司应考虑采取市场价、净资产、面值和发行价的加权平均值来设定行权价格，并允许一定比例的浮动。这种策略显示了公司对市场波动的适应性和对员工利益的考虑。

在分期行权的情况下，公司可以采取灵活的行权价格策略。企业在初始阶段可以设定较低的行权价格吸引员工参与，随后根据市场和业绩的变化逐步调整行权价格，以激发员工的积极性并促进公司的长期发展。

行权价格的设定必须遵守相关法律法规，确保公平性和合理性。虽然原则上行权价格不应高于股票面值，但公司可以通过合理的浮动定价机制，为员工提供收益空间。

4. 其他提升股权激励计划实施效果的措施

（1）明确激励目标。确保股权激励计划与公司的长期战略目标一致，明确激励计划的目标，使员工能够清晰地认识到个人努力与公司发展的关系。

（2）合理设计激励计划。包括行权条件、激励期限等，确保计划的公平性、合理性和吸引力。

（3）加强沟通和提高透明度。与员工进行充分沟通，确保他们理解股权激励计划的细节、潜在价值和个人受益方式。

（4）监管和调整。定期评估股权激励计划的效果，并根据公司发展和市场变化进行必要的调整。

第六章

06

融资路径和与投资人沟通

第一节　融资方式与融资策略

一、企业常用的融资方式

融资方式是指企业或个人为了达到特定目的，从不同来源获取资金的方法和途径。融资方式主要分为两大类：内源融资和外源融资。

内源融资主要是指企业利用自有资金和在生产经营过程中积累的资金，包括未分配利润、盈余公积等。这种融资方式具有成本低、风险小的特点，但资金规模有限，可能无法满足企业大规模的资金需求。外源融资则是企业从外部获取资金的模式，包括直接融资和间接融资。直接融资主要通过发行股票、债券等方式从资本市场筹集资金，而间接融资则主要通过银行贷款、商业信用等方式从金融机构获取资金。

下面我们来具体看一下企业常用的几种外源融资方式。

1. 银行贷款

银行贷款是市场信用经济中的核心融资方式，它基于银行作为经营主体，遵循严格的信贷规则。对于众多企业而言，银行贷款是一条重要的融资渠道。银行在提供贷款时，会基于风险控制原则来操作，这与其业务性质密切相关。银行更倾向于向那些具有较低风险、稳定收益和健康现金流的企业放贷，而对于风险较高或收益不稳定的企业则持谨慎态度。

与其他融资方式相比，银行贷款可能存在一些局限性。它的条件可能较为严格，伴随限制性条款，申请过程也可能较为烦琐和耗时。银行贷款的期限通常较短，可能不足以满足企业的长期投资需求。此外，贷款额度可能有限，可能无法满足企业的全部资金需求。

特别是处于早期发展阶段的企业，由于面临更高的业务风险和不确定性，它们往往很难从银行获得贷款。因此，这些企业可能需要探索其他融资途径，如风险投资、天使投资或政府补助等，以补充银行贷款的不足，支持其成长和发展。

2. 股权融资

股权融资是指企业通过发行股票直接从投资者那里筹集资金的方式，它允许资金从盈余方直接流向短缺方，而无须通过金融中介机构。投资者作为股东，获得企业的所有权和一定程度的控制权。

股权融资具有以下优点：

（1）融资成本相对较低。股权融资不要求企业定期支付固定利息，分红也可以根据企业的盈利情况灵活决定，这有助于减轻企业的财务压力。

（2）资本结构优化。股权融资有助于提高企业的股权比例，降低负债率，从而优化资本结构，提高企业的财务稳健性和抗风险能力。

（3）企业价值提升。上市可以提高企业的知名度和市场认可度，吸引优秀人才，同时，市值的提升也可能为企业带来更多的融资机会。

（4）股权激励。股权融资为实施股权激励计划提供了条件，企业可以通过股票期权、股票奖励等方式，将员工利益与企业长期发展紧密结合，激发员工潜力，提升企业竞争力。

（5）融资渠道多元化。股权融资为企业提供了更广泛的融资渠道，提高了企业在资金压力下的选择灵活性。

但股权融资也存在以下缺点：

（1）投资者要求的报酬率较高。由于普通股投资风险较高，投资者通常要求较高的投资回报，这可能会间接提高企业的资本成本。

（2）发行费用高和时间跨度长。股票发行费用涉及律师费、会计师费、券商承销费等，费用较高。同时，审核和批准流程可能耗时较长，影响融资效率。

（3）控制权分散风险。发行新股可能会引入新的股东，导致原有股东的控制权被稀释，新股东可能对企业经营决策产生影响。

（4）信息披露要求。上市公司需要定期向公众披露详细的财务和经营信息，这增加了企业的管理压力和合规成本。

（5）股价波动风险。股票价格受多种因素影响，波动较大。股价下跌可能会对企业声誉和融资能力产生不利影响。

通过权衡股权融资的利弊，企业可以根据自身情况和市场环境，制定合适的融资策略。

3. 债券融资

债券融资是企业通过发行债券来筹集资金的一种直接融资方式，与通过银行等金融中介机构进行资金筹集的间接融资方式不同。

债券融资的优点如下：

（1）还款期限较长。债券融资通常提供较长的还款期限，给予企业更多的时间使用和偿还资金。

（2）附加限制较少。与银行贷款相比，债券融资通常附带较少的限制性条款，给予企业更大的财务灵活性。

（3）资金成本相对低。在某些市场环境下，债券融资的利息成本可能低于银行贷款，尤其是在企业信用等级较高时。

债券融资的缺点如下：

（1）手续复杂。债券发行过程可能涉及复杂的法律和监管要求，需要企业具备专业的财务和法律知识。

（2）市场准入要求严格。债券发行对企业的财务状况、信用评级和信息披露有严格要求。

（3）市场流动性差异。不同债券的市场流动性不同，可能会影响企业的融资成本和市场接受度。

发债时机的选择对企业至关重要。企业需要对未来利率走势进行预判，以确定是选择在当前利率较低时发行长期债券，还是在预期利率下降时发行短期债券。

企业债券和公司债券在发行条件和要求上存在差异。企业债券通常面向国有企业，而公司债券面向更广泛的企业，但其要求更为严格。可转换债券是一种特殊类型的债券，允许投资者在一定条件下将其转换为公司股票，通常只有满足特定条件的国有企业和上市公司才能发行。

企业在选择债券融资时，需要综合考虑自身的财务状况、融资需求，市场环境以及债券融资的风险，并采取适当的风险管理措施。

4. 招商引资

招商引资是一种企业通过吸引外部投资者来筹集资金的方式，这些投资者可能包括战略投资者或财务投资者。企业通过让渡一部分股权给投资者，实现共同经营和利润共享的目标。

这通常涉及向潜在投资者展示企业的发展前景、市场潜力和竞争优势，以激发他们的兴趣。当投资者决定投资时，他们将购买企业的股份，成为股东。这样，不仅企业获得了资金，可以将其用于扩大生产、提高市场份额或研发新产品，而且投资者也将参与分享企业的成果和利润。

招商引资的优点如下：

（1）资金筹集快。企业可以通过出售部分股权获得资金，支持其发展计划。

（2）资源共享。投资者可能带来额外的资源，如市场渠道、技术或管理经验。

（3）风险分散。与投资者共同承担企业发展的风险。

招商引资的缺点如下：

（1）股权稀释。企业创始人和现有股东的股权比例会因新投资者的加入而降低。

（2）控制权风险。新投资者可能对企业的经营决策产生影响，尤其是在新投资者持有较多股份时。

（3）信息披露要求。虽然与公开市场的股权融资相比，招商引资可能不需要公开披露所有企业信息，但投资者通常要求对于企业信息获得一定程度的知情权。

企业在选择招商引资作为融资手段时，应综合考虑自身的融资需求、发展阶段、对外部控制的容忍度以及能够提供给投资者的潜在回报。同时，企业还应评估与投资者建立合作关系的长期利益和潜在风险。

二、融资方式与公司治理结构

融资方式与公司治理结构之间存在密切的关系。公司治理结构决定了公司如何进行决策、监督和激励，而融资方式则影响公司治理的多个方面。它们相互作用和影响。

1. 融资方式与公司治理结构的基础关系

现代公司的资金来源往往依赖外部融资，这自然引出了股权和债权的代理问题。公司治理结构因此形成，它是公司为了降低代理成本、保障公司价值创造的一系列制度安排。公司治理结构通过合理分配剩余索取权和控制权，规定了公司内不同要素所有者之间的关系，尤其是股东、债权人与公司管理层之间的契约安排。

2. 融资方式对公司治理结构的影响

不同的融资方式会导致不同的股权和债权比例关系，以及决定权益集中或分散的程度。这些因素直接影响股东、债权人等利益主体在治理结构中的地位。地位的差异进一步影响公司决策、控制、监督等权力在各利益主体之间的分布和配置，构成了公司治理结构的不同形态，如内部治理和外部治理。股东和债权人在取得对公司收入的索取权和对公司的控制权的优先级上存在差异，他们的风险偏好也不同，这导致在不同的资本结构下，公司治理的主导力量对公司治理目标有不同的追求，如追求股东权益最大化或公司整体价值最大化。

3. 融资方式对公司治理结构功能和运行绩效的作用

现代资本结构理论指出，最优的融资方式形成的资本结构能够最小化代理成本，此时公司治理结构也达到最佳状态。公司治理结构的主要功能包括选择合适的代理人（管理层）并建立有效的激励约束机制。在有效的融资市场中，股权和债权通过契约关系共同对公司行为（管理层行为）形成激励和约束，并对管理层进行选择。股权通过行使投票权来约束或选择管理层，并通过股票期权等剩余收益分享机制来激励管理层。债权则通过破产清算机制来约束或淘汰不合格的管理层，并通过债务的财务杠杆效应来提高管理层的剩余收益分享率，实现激励。因此，企业可以通过特定的融资方式，实现股权和债权的合理配置，降低代理成本，确保公司治理结构的功能和运行绩效最佳。

三、企业融资方式的选择在不同国家和文化背景下的差异

企业在选择融资方式时，理论上多遵循“啄食顺序理论”。该理论指出，在融资决策中，企业会优先考虑使用内部盈余，即通过留存收益来筹集资金，其次采用债券融资，最后才考虑股权融资。

尽管理论如此，但实际上全球不同国家的企业在融资方式的选择上存在明显差异。在美国、英国、法国、德国、日本等国家，内源融资是主流选择，而在外源融资中，债券融资通常比股权融资更受青睐，这与“啄食顺序理论”相符。

相较之下，中国的上市公司往往表现出对股权融资的明显偏好。它们倾向于通过首次公开募股、配股或增发等手段筹集资金，而不是首先考虑债券融资或内源融资。这种偏好在上市公司的融资行为中得到体现，即便在公司负债率较低或无负债时，它们也很少放弃股权融资的机会。

值得注意的是，尽管股权融资受青睐，但这并不一定带来公司经营业绩的持续增长或资源配置效率的提高。企业过度依赖股权融资可能会导致股权结构的稀释、公司治理的复杂化，并且可能忽略债券融资的“税盾”效应，从而提高融资成本。

因此，企业在制定融资策略时，需要全面考量市场环境、自身的财务状况以及融资成本等多个因素，以理性选择最合适的融资方式。同时，政府也应致力于完善融资体系，为企业开拓更多元的融资途径，支持企业的健康发展和持续增长。

四、融资策略

1. 不同类型企业的融资策略

随着市场竞争的加剧和金融系统市场化程度的提升，企业确实面临着融资决策和资本结构管理的深刻变革。不同类型企业的融资策略会根据企业的特点、发展阶段、行业特性、资金需求和风险偏好等因素而有所不同。以下是几种不同类型企业的融资策略建议。

（1）初创型企业。

初创型企业作为商业生态系统中的新生儿，面临着将创意转化为实际产品或服务的挑战。初创型企业在概念验证和原型开发阶段，往往需要寻求种子资金来启动业务。这些资金可以来自天使投资者，他们通常是富有的个人，愿意在企业生命周期的最早阶段承担较高风险以换取较大比例的股份。

初创型企业也可以利用众筹平台，通过预售产品或服务测试市场需求，并筹集资金。这种方式还能为企业提供市场验证和客户反馈。初创型企业还可以寻求政府补助和贷款，许多政府机构提供补助金、无息或低息贷款给那些符合特定条件的初创型企业，尤其是那些在高新技术、环保或社会公益领域的企业。

在融资过程中，初创型企业需要重点展示这些信息：企业快速增长的潜力，包括市场规模、目标客户群、竞争优势和盈利模式；团队的背景和经验，一个具有行业经验、技术专长和成功案例的团队更容易获得资金；市场机会和目标市场的痛点，以及企业的产品或服务如何满足这些需求。

（2）早期成长型企业。

早期成长型企业已经度过了最初的启动阶段，并开始在市场上获得一定的认可。这些企业通常需要资金扩大研发规模、加强市场推广、优化产品或服务，并建立更强大的运营基础。

这种类型的企业可以通过风险投资、政府和行业补助、银行贷款、股权投资等方式获取资金。

在融资时，企业需清晰展示其成长轨迹和市场扩张计划，同时保持对财务状况的严格控制。通过多元化的融资渠道和策略，企业可以加速其发展步伐，实现规模化经营，并为后续的融资轮次打下坚实的基础。

（3）快速成长型企业。

快速成长型企业正处于一个关键的发展阶段，展现出强劲的增长势头和市场潜力，它们可以采取更为积极的融资策略，通过多轮融资满足其迅速扩张的资本需求。A轮融资通常是第一轮机构化的风险投资，旨在支持企业的快速增长和市场扩张。随着企业的成长和市场地位的巩固，它们可能会继续进行B轮、C轮甚至更多轮次的风险投资融资，以进一步扩大规模、优化产品、增强研发能力或进行战略收购。

在融资过程中，快速成长型企业需要向潜在投资者展示其过往的快速增长业绩记录，包括收入增长、市场份额扩张、用户基础增长等关键指标。此外，企业还需要展示其清晰的市场扩张计划，包括市场定位、目标客户群、销售和营销策略、产品发展路线图以及财务预测。这有助于证明企业不仅在过去实现了快速增长，而且具备在未来持续保持这一增长势头的潜力和策略。

同时，快速成长型企业在融资时也需要考虑如何利用募集资金构建竞争壁垒，提高市场竞争力，并实现可持续盈利。这可能包括投资于技术创新、品牌建设、国际市场扩张、人才招聘和培训等方面。通过这些策略，企业可以在激烈的市场竞争中脱颖而出，并为投资者带来可观的回报。

（4）成熟稳定型企业。

成熟稳定型企业已在市场上确立了自己的地位，拥有可预测的收益和稳定的现金流。这些企业通常具备强大的资产负债表和良好的信用记录，它们可以借助如银行贷款、发行债券、公开市场股票发行等方式筹集资金。

成熟稳定型企业在融资时需要考虑的是如何最有效地利用其财务优势和市场地位，同时保持自身财务灵活性和稳健性，以支持其持续发展和提高市场竞争力。

（5）科技型企业。

科技型企业以其创新能力和成长潜力大而著称，但同时也可能面临较高的研发成本和市场不确定性。科技型企业在融资时依赖于其创新能力和成长潜力，通常通过风险投资、政府科技贷款、研发补助以及知识产权质押融资等多种渠道筹集资金。这些企业在融资过程中需要突出自身的技术创新、研发实力以及市场颠覆性，同时构建一个可扩展的商业模型吸引投资者，并采取有效的风险管理措施降低技术发展和市场接受度的不确定性，确保融资活动既能支持长期发展目标，也能满足市场扩张的需求。

（6）制造业企业。

制造业企业在融资时通常会侧重于其强大的生产能力和稳定的订单流，这些特点使它们能够通过特定的融资方式满足资金需求。设备融资租赁允许这些企业在不增加重大资本开支的情况下获取先进设备，从而保持生产线的现代化和竞争力。出口信贷机构提供的贷款支持可以帮助制造业企业扩展到国际市场，提高其全球竞争力。此外，供应链融资通过优化应收账款和存货管理，提高现金流的效率，使企业能够更好地应对生产成本波动和市场需求变化。在融资策略中，制造业企业需要展示其生产效率、订单履行的可靠性以及供应链管理的专业能力，这些都是吸引投资者和贷款机构的关键因素。通过这些策略，制造业企业能够确保资金的稳定供应，以支持其持续运营和长期增长。

（7）服务业企业。

服务业企业在融资时往往侧重于其无形资产，如品牌声誉、客户满意度和服务质量。这些企业可能依赖信用贷款满足短期流动资金需求，利用商业信用延长支付周期，或通过客户预付款提前获得收入，从而增强现金流。对于展现出高增长潜力的服务业企业，股权融资可以作为一种策略，通过吸引投资者来筹集扩张所需的资金。在融资过程中，服务业企业需要强调其服务的独特价值、客户忠诚度以及业务模式的可扩展性，这些都是衡量其长期盈利能力和市场竞争力的关键指标。通过展示这些优势，服务业企业能够向潜在的投资者和贷款机构证明其业务的稳定性和增长潜力，从而获得更有利的融资条件。

2. 融资策略创新

融资策略创新是企业在资本市场中寻求成本效益和结构优化的关键途径。企业可以通过多种创新手段适应市场变化，降低融资成本，并提高融资的灵活性和效率。

（1）税法融资创新。企业可以深入研究税法，利用资本收益和利息收益税率的差异优化融资结构。例如，通过发行零息票债券，企业可以在不直接降低名义利率的情况下，通过税收优惠吸引投资者，间接降低融资成本。

（2）利率变化预期的融资创新。企业可以基于对金融市场利率变化的预测，设计相应的融资工具。利用浮动利率债券或可赎回债券等产品，企业能够对冲利率风险，同时为投资者提供适应市场变化的投资选择。

（3）市场估值差异的融资创新。当市场低估企业价值时，企业可以利用内部融资或发行可转换证券等工具，以较低成本筹集资金。而在市场高估企业价值时，企业通过增发股票来融资，可以最大化资本的利用效率。

在采用创新融资策略时，企业需综合考虑市场风险、信用风险和流动性风险，确保融资活动与企业的风险管理策略相协调。同时，企业应根据市场环境和自身条件灵活运用创新融资策略，如在市场利率下降时发行固定利率债券，或在市场利率上升时发行浮动利率债券。

五、企业快速融资渠道

企业快速融资渠道是确保企业能够迅速响应运营、扩张或投资需求的关键。这些渠道不仅决定了企业的资金成本，还涉及税负、风险管理和运营效率等多个方面。下面我们来重点了解企业常用的几种快速融资渠道。

1. 企业内部快速融资渠道

企业内部快速融资渠道的资金主要来自三个方向：企业自有资金、应付税利和利息、未使用或未分配的专项基金。

（1）企业自有资金。作为最直接和成本最低的融资方式，企业自有资金包括留存收益和未分配利润。这些资金的优势在于无须企业支付外部融资成本，且具有较高的保密性和较低的风险。然而，企业自有资金的规模受限于企业的盈利能力，因此企业需要通过提高运营效率、优化成本结构和加强市场营销等措施提升盈利能力和增加资金积累。

（2）应付税利和利息。这部分资金虽然不是可直接用于融资的现金，但在一定条件下可以转化为企业的可用资金。通过税务筹划和资金管理，企业可以延长税款和利息的支付期限，将这部分资金暂时转化为可用资金，以缓解短期流动性压力。

（3）未使用或未分配的专项基金。这些基金通常具有特定的用途，但在某些情况下，企业可以根据实际情况灵活使用。企业应建立科学的资金管理制度，确保专项基金的有效使用，并在不影响原定用途的前提下，适度调配资金以满足紧急融资需求。

2. 企业外部快速融资渠道

企业在面临资金需求时，也可以选择多种外部快速融资渠道来筹集资金，下面我们来看几种常见的外部快速融资渠道。

（1）在线贷款平台。在线贷款平台提供了一种快速、方便的融资方式，尤其适合那些需要快速获得资金的初创企业和中小企业。与传统银行贷款相比，在线贷款平台审批流程通常更快，有时甚至可以在几分钟内完成；而且大多数在线贷款平台允许用户通过网站或移动应用程序提交申请，减少了前往银行的需要。同时，这些平台还能提供不同类型的贷款选项，包括短期贷款、长期贷款、信用额度等，以满足不同企业的需求。相比传统金融机构，在线贷款平台可能对申请者的信用评分和财务历史要求较低。然而，使用在线贷款平台也存在一些潜在的风险和缺点，例如可能的高利率、隐藏费用以及对企业信用记录的长期影响。因此，在选择在线贷款平台时，企业应该仔细评估各种因素，选择信誉良好、服务透明的平台。

（2）资产融资。资产融资是一种利用企业现有资产作为贷款担保或变现的融资方式。这种融资方法特别适合那些拥有高价值资产但可能缺乏足够流动资金的企业。通过将固定资产如房地产、设备、库存或应收账款作为抵押，企业能够迅速将这些资产变现，以解决资金短缺的燃眉之急。这种方式为企业提供了一种灵活的还款计划，企业可以根据现金流的变化对还款计划进行调整，与传统贷款相比，它更注重资产的实际价值而非企业的信用历史。尽管资产融资能够快速提供资金支持，但企业也需注意其可能带来的成本，包括较高的利率和相关费用。企业应仔细评估这些潜在成本，以确保融资决策的经济合理性。资产融资的风险在于，如果企业未能按时偿还贷款，其作为抵押的资产可能会面临被贷款方没收的风险。因此，企业在考虑资产融资时，必须权衡其紧迫的资金需求与潜在的资产损失风险。资产融资有多种形式，包括设备融资、库存融资和应收账款融资等，每种形式都有其特定的操作条款和条件。在进行资产融资时，通常需要对抵押资产进行专业评估，以确保其市场价值的准确性。此外，资产融资过程可能涉及一系列复杂的法律手续，如抵押合同的签订、贷款协议的确立以及可能需要的公证程序。这些手续对于确保交易的合法性和保护各方权益至关重要。

（3）企业合作伙伴和战略联盟。企业合作伙伴和战略联盟是一种通过与其他企业建立合作关系来获取资金、资源或市场准入的融资方式。这种合作可以采取多种形式，包括合资企业、技术合作、市场开发伙伴关系等。在这种合作模式下，企业能够与合作伙伴共享宝贵的资源，如先进技术、广泛的市场渠道和深厚的专业知识，这不仅降低了企业研发与市场推广的成本，还加速了企业的产品创新和市场渗透，分散了其投资风险，特别是在探索新市场或推出新产品时。同时，战略联盟还能借助合作伙伴的市场网络和客户基础，帮助企业迅速扩大市场份额或进入新的市场领域；合作伙伴带来的行业经验和专业知识，对企业的技术进步和市场定位也有较大的价值。此外，战略联盟还能增强企业的市场竞争力，通过利用合作伙伴的优势，企业能够在激烈的市场竞争中占据有利地位。长期稳定的合作关系为企业提供了持续的支持，保障业务发展的稳定性。当然，建立合作伙伴关系需要经过细致的谈判和协议制定，明确双方的利益和责任，同时，也需要注意合作伙伴间可能出现的利益冲突，尤其是在战略方向、管理决策或利润分配等方面。在某些情况下，为了适应合作伙伴的需求或市场策略，企业可能需要在一定程度上放弃控制权。但这种权衡可能是值得的，特别是对于那些寻求扩大业务规模、提升市场地位或开发新技术的企业。

除了上面这三种快速融资渠道以外，企业也可以尝试寻找风险投资、天使投资人，短期应收账款融资，众筹等方式来获取资金，满足企业的短期资金需求。

六、经典案例分析：京东的融资历程

京东集团，由刘强东在1998年创立于北京中关村，最初主要从事光磁产品的线下销售。随着互联网的兴起和电子商务的快速发展，京东在2004年转型进入电商领域，这一战略转型为京东的腾飞奠定了基础。在随后的发展中，京东不仅在电商领域深耕细作，还不断拓展业务范围，形成了多元化的业务布局。京东物流的建立，为用户提供了高效、便捷的配送服务，成为京东服务的一大亮点。同时，京东金融（现更名为京东数科）的成立，进一步丰富了京东的服务体系，为用户提供了更多的金融服务选项。京东集团的业绩表现也非常亮眼，2023年全年收入达到10847亿元，净利润达到242亿元。这些数据不仅展示了京东强大的市场竞争力，也反映了其在供应链管理、用户体验、技术创新等方面的卓越表现。

京东在其发展过程中，经历了多次融资，这些融资为京东的快速发展提供了有力的资金保障。

初创阶段：

（1）京东在创立初期，主要资金来源于创始人刘强东的个人储蓄和亲友资助。

（2）2006年，京东完成了首轮融资，获得了红杉资本和IDG资本共约1500万美元的资金支持，为京东的初期发展提供了重要的资金支持。

崛起阶段：

（1）2007年，京东完成了第二轮融资，获得了包括新加坡政府投资公司（GIC）、红杉资本、IDG资本和鼎晖投资等机构的3000万美元投资，进一步扩大了京东的业务规模。

（2）2009年1月，京东再次获得来自今日资本、雄牛资本以及亚洲著名投资银行家梁伯韬的私人公司共计2100万美元的联合注资，这是2008年金融危机后中国电子商务企业获得的第一笔融资。

快速成长阶段：

（1）2010—2011年，京东进入快速成长阶段，进行了多轮融资，包括红杉资本、IDG资本、高盛集团和Naspers等知名公司的投资，总金额约22亿美元，为京东的扩张提供了充足的资金支持。

（2）2011年4月，京东完成C2轮融资，获得了DST Global、老虎基金等6家基金和个人共计15亿美元的融资，进一步巩固了其在电商市场的地位。

上市前阶段：

京东完成第六轮融资，获得3亿美元资金，由安大略教师退休基金领投。2012—2013年，京东继续进行了多轮融资，共获得了约36亿美元的资金，投资方包括红杉资本、IDG资本、Temasek Holdings（淡马锡控股公司）、高盛集团、Tencent（腾讯）和华平投资集团等知名公司，为公司上市和进一步扩张做好了充分准备。

IPO及以后：

（1）2014年5月22日，京东在美国纳斯达克成功上市，股票代码为JD，发行价19美元。按此计算，京东当时的市值为260亿美元。此次上市为京东募集了17亿美元的资金，为京东的发展注入了新的活力。

（2）上市后，京东继续通过发行债券、股权融资等方式获得资本支持，如2014年发行了总额为9亿美元的可转换高级票据，进一步提升了其资本实力。

京东的融资历程体现了其从创立初期到上市再到持续发展所获得的坚实的资本支持。这些资金的注入为京东的快速成长和市场扩张提供了重要保障。从京东的融资历程，我们可以得到以下启示。

（1）明确融资目标和策略。京东在融资过程中，始终明确自身的发展目标和资金需求，并据此制定了相应的融资策略。这包括在不同的发展阶段选择不同的融资方式，如初创期的风险投资、扩张期的私募股权、上市后的公开市场融资等。企业应明确自身的融资需求，制定合理的融资策略，确保资金能够满足企业的发展需求。

（2）多元化的融资方式。京东在融资过程中采取了多种融资方式，包括银行贷款、风险投资、私募股权、上市融资等。这种多元化的融资方式为企业提供了充足的资金来源，降低了融资风险。企业应积极探索多种融资方式，结合自身情况选择合适的融资方式，确保资金的安全性和稳定性。

（3）优化投资者结构。京东的投资者结构包括知名风险投资机构、私募股权公司和个人投资者等，这些投资者为京东提供了资金、战略和资源等方面的支持。企业应积极寻求与知名投资者合作，优化投资者结构，为自身发展提供有力的支持。

（4）注重融资时机和估值。京东在融资过程中非常注重选择合适的融资时机和企业估值，确保融资成功和企业利益的最大化。企业应关注市场动态和行业趋势，选择合适的融资时机，同时根据企业的实际情况合理评估自身价值，确保融资的顺利进行。

（5）强化财务管理和信息披露。京东在融资过程中加强了财务管理和信息披露，提高了企业的透明度和可信度。企业应建立完善的财务管理体系，加强内部控制和风险管理，同时及时、准确地披露相关信息，提高与投资者的沟通效率。

（6）持续创新和提升竞争力。京东在融资过程中始终坚持创新和提升竞争力，通过技术创新、模式创新等方式不断拓展业务领域和提升市场份额。企业应积极创新，加强技术研发和人才培养，提升企业的核心竞争力和市场竞争力。

第二节　融资故事的构建与传播

在企业融资过程中，创始人、管理层和员工确实是至关重要的参与者。他们不仅对企业有着深入的了解，而且他们的热情和承诺对于吸引潜在投资者来说至关重要。然而，仅仅依靠他们来讲述融资故事是远远不够的。一个成功的融资故事需要精心构建和有效传播，以吸引并说服投资者。本节我们就探讨一下如何构建和传播企业的融资故事。

一、融资故事的核心要素

对一家想要融资的企业而言，融资故事的核心要素主要包括三个方面。

一是企业未来发展的愿景和目标。企业首先要清晰地勾勒出自身的愿景和目标。愿景作为企业长期发展蓝图，描绘了企业未来的面貌和所追求的地位。而目标则是愿景的具体化，是企业在一定时期内力求达成的各项业绩指标。这些目标和愿景需要兼具前瞻性和可行性，既能够激发投资者的信心，又符合市场发展的规律。

二是企业经营所需资源。在融资故事中，企业需要详细阐述为实现愿景和目标所需的各种资源。这些资源包括但不限于资金、技术、人才、渠道和客户。资金是企业运营的血液，技术是企业创新的引擎，人才是企业发展的基石，渠道和客户则是企业市场拓展的关键。公司需通过融资故事，向投资者展示这些资源的投入将如何转化为预期的收益，进而满足企业的发展需求。

三是需要讲述的关键结果，包括企业的盈利模式、产品服务、市场份额等方面。这些指标需要具有可量化或可验证的特点，以便能够清晰地展示企业的发展成果和前景。同时，这些指标也是投资者衡量企业投资价值的重要依据。企业需在融资故事中，以具体数据向投资者展示这些关键结果。

二、融资故事的构建策略

在明确了融资故事核心三要素的内容后，企业可以进一步从以下四个方面精细化地打造其融资故事。

首先，明确目标受众。每个企业的融资目的各有不同，可能是为了研发新产品、拓展新市场或优化资本结构等。明确目标受众，就是明确告知投资者企业的融资目的和计划，从而提高融资的成功率。

其次，提出解决方案。企业应详细阐述它要如何利用融资款项解决问题并实现目标，对项目的实施步骤、预估难点及应对措施等都应有清晰、明确的规划。这样投资者才能看到项目的可行性和企业的执行力，从而增强投资的意愿。

再次，展示成果。企业应着重介绍融资后的预期成果，如产品研发的成功率、市场拓展的规模、资本结构的优化程度等。同时，这些成果应具有可靠的数据支持，以便投资者评估企业的盈利能力和投资回报。

最后，传递品牌价值。企业的品牌形象和价值是吸引投资者的重要因素。因此，企业应在融资故事中巧妙地传递其品牌理念、企业文化、核心竞争力等信息，以提升企业在投资者心中的形象。

三、融资故事的传播渠道

融资故事的传播渠道是多样化的，以下是一些常见的传播渠道：

（1）社交媒体。社交媒体平台如微博、微信、抖音等是传播融资故事的重要渠道。在这些平台上发布相关的文章、图片、视频等内容，可以迅速吸引目标受众的注意，扩大品牌知名度。

（2）新闻媒体。向新闻媒体提供新闻稿或接受采访，可以让融资故事得到更广泛的传播。新闻媒体具有较强的公信力，其报道的内容往往能够引起公众的关注和讨论。

（3）行业会议和展览。参加行业会议和展览，是展示公司实力、推广融资故事的好机会。在这些场合，企业可以与其他企业、投资者、媒体建立联系，并分享公司的愿景和计划。

（4）专业网站和论坛。在专业网站和论坛上发布融资故事，可以吸引行业内专业人士的关注和讨论。这些平台通常具有较高的用户黏性和活跃度，是传播融资故事的重要渠道之一。

（5）公司官网。公司官网是展示公司形象和融资故事的重要窗口。在官网上发布融资新闻、项目介绍、团队介绍等内容，可以让访问者更全面地了解公司的情况和愿景。

（6）电子邮件。通过电子邮件向潜在客户和投资者发送融资故事和相关资料，是一种直接有效的传播方式。精心设计的邮件内容和个性化的发送策略可以提高邮件的打开率和转化率。

（7）线下活动。组织线下活动如路演、沙龙、研讨会等，可以让投资者和潜在合作伙伴更深入地了解公司的融资故事和业务情况。这些活动通常需要较高的投入和策划成本，但效果往往也更加显著。

第三节　融资谈判的步骤和策略

一、融资谈判的步骤

企业在与投资人进行融资谈判时，应遵循以下六个关键步骤，以确保谈判的顺利进行和达到期望的融资效果。

1. 融资谈判准备

（1）资料准备。企业需准备融资资料清单所列资料及商业计划书，并打印装订适量份数。有条件的企业可将这些资料制作成PPT演示文稿，以便更直观地展示给投资人。

（2）团队准备。确定参与陈述与交流的团队成员，包括融资主管，以及财务、技术和市场人员，确保他们明晰各自的分工和职责。对于中小企业，可以推选熟悉情况并了解融资计划书的人员作为主要陈述与沟通人员。此外，企业也可以考虑借助外部力量，如邀请财务顾问或政府相关部门负责人参与谈判，以获得专业的支持和建议。

2. 现场陈述与沟通

（1）现场准备。资金方与企业交流通常会选择在企业现场进行，企业应提前做好现场准备，确保环境整洁、有序，并安排熟悉情况的人员进行现场介绍。

（2）模拟演练。如果企业团队缺乏融资谈判经验或对融资计划书内容不熟悉，建议进行模拟演练。模拟演练有助于团队成员更好地掌握陈述和沟通的技巧，确保其在正式谈判中能够正确、有效地传递信息。

3. 补充完善资料和政策征询

针对资金方提出的问题及商业计划书未涉及的问题，企业需补充资料或进行法律、政策征询。在提供资料时，企业应注意保护自己的商业秘密，避免泄露敏感信息。同时，企业也要避免提供虚假资料，确保信息的真实性和准确性。

4. 确定融资合作意向

双方在充分沟通和了解的基础上，明确融资合作的意向和条件。

5. 实质性谈判

（1）与债权类资金方谈判。在与债权人谈判前，企业应确保所有关键文件，包括财务报表、商业计划书及相关辅助资料都已完备。这有助于企业在谈判中迅速响应资金方的查询。在谈判过程中，企业应展现出积极的倾听态度，认真对待资金方的每一个问题和担忧，并提供详尽、准确的答复。同时，保持耐心和理性至关重要，此外，尝试从资金方的视角理解问题，有助于找到双方都可接受的解决方案。

（2）与权益类资金方谈判。企业应指派经验丰富的团队成员参与谈判，并提前准备多种合作方案，确立清晰的合作框架和条款。在谈判过程中，企业应保持策略性的谨慎，避免过早展示所有的谈判牌，以维持谈判的控制权。企业高层应在关键时刻参与，以确保谈判方向和策略的一致性，避免过早介入可能对谈判产生的不利影响。保护企业的控股权和核心利益是谈判中的重中之重，确保企业的长期发展不受影响。此外，通过展示团队的专业能力和实力，可以增强权益类资金方对企业的信心，建立稳固的合作关系。

通过这些细致而周全的准备和策略，企业可以更有效地与资金方沟通，提高融资成功的概率，同时保护企业的长远利益。

6. 签订融资协议

签订融资协议是确保融资交易双方权益的关键法律行为，融资协议详细规定了各方的权利与义务，对保障交易顺利进行至关重要。企业应根据融资的性质、所采用的融资工具、渠道以及合作方式，选择或定制合适的融资协议类型。在资金方提供的协议草案基础上，企业应进行细致的修订，以确保谈判成果得到体现并保护自身利益。在整个修订过程中，企业需特别注意协议内容的合法性和有效性，严格遵循相关法律法规的要求，确保所有条款明确无误，避免未来可能出现的法律纠纷，为双方建立一个稳固且合法的合作基础。

二、融资谈判的策略

融资谈判要求参与者具备高度的专业素养和谈判策略，下面我们将从确定谈判原则、准确选择融资时机，以及切实维护企业利益三个方面，阐述如何有效地进行融资谈判。

1. 确定谈判原则

在启动融资谈判之前，确立一系列原则对于确保谈判的顺利进行和成功至关重要。

（1）有备而谈原则。确保企业在进入谈判前已经做好了充分的准备，包括组建专业的谈判团队、制定详尽的方案、准备合同文本以及确立保障措施。这样的准备不仅能帮助企业掌握谈判的主动权，还能提高达成预期效果的可能性。

（2）利益原则。明确融资合作的最终目标是实现双方利益的最大化。在谈判过程中，双方应共同寻求互利互惠的解决方案，确保合作能够带来双赢的结果。

（3）平等对等原则。无论投资者的背景如何，谈判双方都应享有平等的法律地位。企业在坚持自身原则的同时，也应灵活应对，以保持谈判的主动权和控制力。

（4）策略性原则。融资谈判需要精心策划和运用策略。企业应事先制定谈判策略，根据谈判的实际情况随机应变，确保整个谈判过程既合理又高效。

通过这些原则的指导，企业可以在融资谈判中展现出专业性、灵活性和战略性，从而提高谈判的成功率。

2. 准确选择融资时机

许多企业在寻求战略投资者时，常常急于向资金方展示自己的项目和商业计划，然而，引入资金的时机选择同样至关重要，以下是几个适合企业进行融资的时机。

（1）政策机遇期。企业应密切关注政策动向，抓住政策利好时机，如新政策的出台或行业扶持政策的实施，这些都能为融资提供有力的支持。例如，国家对身份证统一更换或医疗垃圾集中处理等政策的推行，为相关领域的企业提供了宝贵的融资机遇。

（2）企业实力提升期。当企业获得重大订单或资产显著增强时，如获得专利证书或不动产权证时，往往是吸引资金的绝佳时机。这些成就可以显著提升企业的实力，并增强潜在投资者的信心。

（3）市场认可期。企业的产品或服务在市场上获得认可，且销售额呈现稳步增长的趋势时。这同样是吸引投资者的有利时机。市场的认可不仅证明了企业的产品或服务的竞争力，也为投资者提供了信心。

3. 切实维护企业利益

（1）保护商业秘密。企业在谈判过程中，务必保护好自己的商业秘密，可通过签订保密协议等方式，确保敏感信息不被泄露。

（2）明确融资策略。在谈判前，企业应明确融资策略，包括融资方式、融资额度、资金使用计划等。这有助于企业在谈判中保持主动，避免被动跟随投资者。

（3）合理评估资产价值。对于技术密集型企业，无形资产的价值尤为重要。在谈判中，企业应合理评估无形资产的价值，确保企业利益不受损害。

（4）借助专家支持。在融资谈判中，企业可以请外部专家提供咨询和支持。这些专家具有丰富的经验和专业知识，能够为企业提供有价值的建议和指导，帮助企业更好地进行融资谈判。

第四节　如何与投资人有效沟通

一、与投资人沟通的基本原则

1. 诚信为本

诚信是商业交易的基石，在企业融资中尤为重要。投资协议中的条款明确要求企业创始人秉持高度的诚信，这是创始人必须郑重承诺的。诚信不仅体现在签署投资协议时的真实陈述和全面披露，更贯穿于企业日后的经营活动中。例如，创始人需确保不与企业产生竞争，不侵占或挪用企业资产，并严格遵守企业的治理结构和董事会决策。这样，投资人才能够放心投入资金，相信他们的投资将得到合理回报。

2. 风险共担

融资不仅是资金的转移，更是风险的共同承担。创始人应与投资人共同面对经营风险，这是公平且合理的。因此，投资协议应明确双方的权利和义务，确保风险分配均衡。投资人可通过参与企业治理、获得董事会席位等方式，对企业的经营决策产生一定影响，实现风险共担。同时，创始人也应承担相应责任，通过高效管理和明智决策降低经营风险，保护投资人的利益。

3. 保持经营独立权

虽然投资人对企业经营有一定的参与权，但创始人应保留企业经营的独立权，以确保企业的长期发展。这是因为创始人对企业愿景、使命和核心价值观有着更为深刻的理解，应被赋予足够的权力来推动公司朝着这些目标前进，避免受到投资人过大的影响。但这并不意味着创始人可以独断专行，创始人应在与投资人充分沟通、协商的基础上，做出符合公司整体利益的决策。

二、9个核心问题的处理

1. 融资架构

在选择融资架构时，需要考虑的因素较多，包括融资币种（美元或人民币）、境内或境外架构以及未来上市地点（国内或国外）等。对于计划在境内上市的公司，境内架构搭建和人民币融资是更合理的选择；而对于有意向在境外上市的公司，搭建境外架构更为适宜。当前，受多种因素影响，许多互联网企业选择在境外上市，因此境外融资架构相对普遍。例如，百度、腾讯、360、58同城、唯品会等知名企业都已搭建境外架构。对于生产制造型企业，特别是短期内收入和利润表现良好的企业，在境内上市可能更为理想，因为在境内上市可能带来更高的市盈率，从而为企业带来更丰厚的资本回报。

2. 企业估值

在企业估值方面，企业须明确区分投前估值与投后估值。有时投资人声称以1亿元的估值投资某企业并投资3000万元占30%的股份，这里的1亿元实际上是指投后估值。按此计算，投前估值应为7000万元。若单独考虑投前估值并以1亿元为基准，投资人投资3000万元在1.3亿元的总估值中，所占股份应为23%。

3. 独家谈判期

企业融资时通常会与多个投资人接触，并收到不同的条款清单（Term Sheet）。为了避免拟投资企业在几个投资人之间抬价，投资人可能会要求一个独家谈判期。这种情况较为常见，但独家谈判期不宜过长，以免企业错过最佳投资时机。

4. Term Sheet的效力

Term Sheet是投资人与企业之间就投资事宜达成的基本条款和意向的书面记录。Term Sheet虽然本身不具有法律上的强制约束力，但因其详细记录了双方的主要协议内容，所以通常被视为具有实际约束力的文件。双方应本着诚信原则遵守Term Sheet中的条款，并以此为基础进行后续正式协议的谈判和签署。Term Sheet作为后续正式协议的基础，不仅影响双方利益分配，还为后续谈判提供参考。企业应重视Term Sheet的准备，并确保它已完整体现了自己的核心利益。

5. 对赌协议或估值调整条款

对赌协议或估值调整条款在投资领域中颇为常见，企业难以完全避免。这种条款的存在，从投资人的角度看，有其合理性。因为投资人对企业的估值通常基于创始团队所描绘的商业蓝图和预期目标，如未来盈利、用户增长、上市时间等。如果企业能实现这些目标，估值自然合理；反之，若未能达成，估值便需要进行相应的调整。

对赌协议的条件可以多种多样，包括但不限于业绩达标、特定年份内上市、后续融资估值达到预设值等。对赌的结果一般有两种：一种是股份调整，即投资金额不变，但根据企业的实际表现，投资人所占的股份比例会相应增加或减少；另一种是资金调整，即投资人股份比例保持不变，但企业未能达到目标时，可能需要向投资人支付一定的资金作为补偿。

在协商对赌协议时，创始人应特别注意避免涉及直接的资金对赌。根据中国的法律实践，股东与企业之间的对赌协议往往不被法律认可，而股东之间的对赌协议则相对有效。这意味着，如果企业未能达到对赌目标，可能需要由创始人个人承担还款责任。

在融资过程中，虽然资金被注入了企业，但创始人并未直接受益。在面临对赌失败时，创始人可能需要用自己的资金来偿还投资人，这可能导致创始人背上巨额债务。因此，对于处于初创阶段的企业和创始人来说，在签署对赌协议之前，务必深入了解相关条款，确保自己的利益得到合理保障。

同时，也需要在日常经营中努力实现预期目标，以减轻因对赌失败带来的风险。

6. 陈述与保证条款

在投资协议中，陈述与保证条款是至关重要的组成部分。这些条款要求企业向投资人承诺其提供的所有信息和陈述都是真实、完整、准确且无误导性的。如果日后发现企业的陈述存在虚假、误导或遗漏，导致企业或投资人的利益受损，投资人将有权要求企业赔偿，并承担由此产生的法律责任。

为确保投资人的权益得到保障，企业必须对其提供的所有信息进行严格核实和审查。任何夸大其词、隐瞒事实或遗漏关键信息的行为，都可能对投资人的决策产生严重影响，并可能导致其遭受经济损失。因此，企业必须对其陈述内容的真实性、完整性和准确性持严谨的态度。

7. 绑定创始人条款

当投资人向企业注资时，他们往往非常看重创始人的领导能力和执行力。为了确保创始人能够长期为企业服务，并防止其中途退出或私自另起炉灶，投资人通常会提出一些约束性要求。这些要求往往包括竞业禁止协议、不离职条款以及禁止出售股份条款等。

这些条款通常符合投资的基本原则，它们属于诚信范畴，旨在确保创始人能够全心全意地为公司服务，并维护投资人的利益。对于投资人的这些合理要求，企业应当予以接受，并在谈判过程中展现出诚意和合作精神。

然而，关于竞业限制的范围、不离职的年限等具体细节，企业有权与投资人进行深入的谈判，以达成双方都能接受的协议。在谈判过程中，企业应坚持自己的立场和利益，同时尊重投资人的意见和需求。通过有效的沟通和协商找到一个平衡点，既能够保障投资人的利益，又能够给予创始人一定的灵活性和发展空间。

总之，绑定创始人条款是投资协议中常见的一部分，旨在确保创始人能够长期为公司服务并维护投资人的利益。企业应当以诚信和合作精神为基础，与投资人进行深入的谈判，以达成双方都能接受的协议。

8. 企业经营瑕疵的处理

企业在经营早期，由于各种资源和经验的限制，往往难以做到完全规范，可能会存在一些经营上的瑕疵。这些瑕疵可能包括员工社保缴纳不足、欠税、经营收入存在两本账等问题，甚至经营地址与注册地址不一致也可能成为潜在的隐患。在投资人进入之前，这些问题可能被视为企业发展过程中的小瑕疵，但一旦投资人决定注资，他们往往会按照未来上市的标准来严格要求企业。

当投资人决定投资时，他们期望企业能够具备良好的治理结构和规范的经营行为，以确保企业长期稳定发展，并为其带来良好的投资回报。因此，投资人会将这些早期存在的经营瑕疵视为公司上市道路上的“障碍”，并希望企业能够尽快解决这些问题。

为了确保公司能够满足投资人的要求，投资人会要求原始股东作出相应的承诺和保证。这些承诺和保证通常包括：如果将来因这些问题企业或投资人利益受损，原始股东必须承担相应的责任，并给予企业和投资人相应的赔偿。这样的要求旨在确保原始股东能够认真对待企业经营中的瑕疵，并积极采取措施加以解决，以维护企业和投资人的利益。

9. 业务合作与资源导入

在选择投资人时，不仅要考虑他们所能提供的资金支持，更要关注他们背后的人脉资源、业务资源以及用户资源。这些无形的资产往往能够为企业带来巨大的商业价值和竞争优势。以阿里巴巴等科技巨头为例，如果它们愿意提供支持和合作，将能为企业带来海量的用户和流量，加速企业的业务增长和市场拓展。

在与投资人谈判时，企业可以将业务合作和资源导入作为一个重要的议题来讨论。虽然这些合作可能不会被直接写入投资协议，但企业可以与投资人单独签署业务合作协议，明确双方的合作内容和目标。这样的合作方式可以确保双方利益的最大化，实现共赢。

通过业务合作和资源导入，企业可以借助投资人的资源和优势，快速扩大市场份额，提升品牌影响力。同时，这样的合作也可以促进企业与投资人之间的深入交流和合作，为企业的长期发展奠定坚实的基础。因此，在选择投资人时，企业应充分评估他们的资源实力和合作意愿，以确保能够为企业带来实际的商业价值和竞争优势。

三、如何处理投资人提出的4项特殊权利

在处理投资人提出的特殊权利时，我们需要充分认识到，虽然“同股同权”是一个重要的原则，但在实际操作中，投资人往往会根据自身的情况和需求提出一些特殊权利要求。这些特殊权利要求中的部分是可以与投资者进行谈判的。以下是针对投资人提出的4项特殊权利如派董事、优先购股权等的处理建议。

1. 派董事

当投资人持有的股份超过10%时，他们通常会要求在公司董事会中占据一席之地。这是因为，拥有超过10%的股份使他们成为企业的重要股东，其利益与企业的整体利益紧密相连。派遣董事参与企业决策过程，不仅有助于他们更好地维护自身权益，还能提升企业的治理水平和竞争力。

然而，当投资人持有的股份低于10%时，情况便有所不同。尽管他们仍有权参与企业决策，但其影响力相对有限。因此，在与这类投资人协商时，企业应充分考虑他们的需求和利益，寻求更加灵活和均衡的解决方案。例如，可以为投资人设立观察员席位或邀请投资人列席董事会会议，使他们能够更深入地了解公司的运营情况，并有机会表达意见和建议。

在实际操作中，企业必须综合考虑多种复杂因素。这包括投资人的背景、经验和专业知识，以及他们在企业战略发展中扮演的角色和做出的贡献。只有全面考虑这些因素，企业才能制定出更加合理和有效的董事会席位分配方案。

在处理投资人股份与董事会席位之间的关系时，平衡各方利益和需求至关重要。通过精心安排和有效协商，企业可以实现治理结构的优化，进而最

大化所有股东的利益。

2. 优先购股权

优先购股权是一项重要的股东权利，它赋予投资人在公司增发新股或现有股东出售股份时，在同等条件下优先购买这些股份的权利。这一权利旨在保护投资人的利益，确保他们在公司股权结构发生变化时能够维持原有的持股比例和影响力。

在我国《公司法》中，对于有限责任公司而言，老股东已经享有优先购股的法定权利。这意味着，当企业计划增发新股或现有股东有意转让股份时，老股东有权在同等条件下优先购买这些新增或待售的股份。这一规定旨在维护老股东在企业中的股权比例，防止其股份因新股发行或股份转让而被稀释。

在涉及多个投资人的场景中，确保各投资人优先购股权的一致性至关重要。不一致的权利行使可能导致股东之间的矛盾和冲突，进而影响企业的稳定运营和长期发展。因此，企业在制定股权结构和相关协议时，应明确并详细规定优先购股权的行使条件和程序。

具体而言，企业可以与投资人约定在特定时间段内，按照约定的比例或金额行使优先购股权。同时，企业还可以设置一些例外条款，例如当投资人主动放弃优先购股权时，其他股东或外部投资者可以有机会购买这些股份。这样的安排既确保了投资人的优先购股权，又为企业提供了更大的灵活性。

为了确保投资人能够充分行使优先购股权，企业应建立健全信息披露和通知机制。一旦公司决定增发新股或现有股东计划出售股份，企业应及时向所有相关投资人披露相关信息，并明确通知他们优先购股权的行使方式、期限及相关的注意事项。信息的及时披露有助于促进股东之间的信任和合作，维护企业的和谐、稳定发展。

3. 优先清算权

在企业面临清算时，投资人要求优先取回本金和投资收益，这一要求虽然从保护自身权益的角度出发看似合理，但在实际操作中，却可能与公平原则产生冲突。原始股东作为公司的创始人和长期持有者，他们不仅在公司成长过程中承担了巨大的风险，更付出了无数的心血和努力。根据“同舟共济、风险共担”的基本原则，他们在企业清算时应当享有更多的权益。

在清算的情境下，企业的资产价值往往已经大幅缩水，甚至可能无法覆盖所有债务。即便投资人拥有优先清算权，他们实际能够获得的资金也可能非常有限。因此，关于投资人优先清算权的问题，并非简单的权利之争，而是一个需要各方深入谈判和妥协的过程。

在谈判过程中，各方应充分理解并尊重对方的立场和利益。原始股东可以强调他们在公司发展历程中的贡献和承担的风险，要求一个更加公平的清算方案。而投资人则可以提出他们为企业提供的资金支持、市场资源以及可能面临的资金损失，以此为依据争取合理的优先清算权。

通过充分的沟通和协商，双方可以共同探索出一个既公平又合理的解决方案。例如，可以考虑按照一定比例分配剩余资产，确保投资人的基本权益得到保障，同时也给予原始股东应有的回报。此外，企业也可以考虑其他替代方案，如资产重组、债务重组或引入新的投资人等，以便企业能够继续运营，从而保护所有股东的利益。

最终，一个公平、合理的清算方案应能够平衡各方利益，确保企业在清算过程中能够平稳过渡，减少不必要的损失和纠纷，同时也为企业未来的发展奠定良好的基础。

4. 信息权

在投资关系中，投资人通常期望获得企业的财务报告、经营计划、重大决策等敏感信息，以便全面、准确地了解企业的运营状况，并据此做出明智的投资决策。在管理和保障信息权方面，企业扮演着至关重要的角色。为了更好地满足投资人的信息需求，企业可以制定一套完善的信息披露制度。这套制度应明确信息披露的内容、频率和方式，以及投资人的权利和义务。通过定期向投资人提供必要的信息和报告，企业可以提高投资人的信任度和满意度，促进双方建立长期合作关系。

在信息披露过程中，企业还应注意保护商业秘密和敏感信息。这些信息对公司的竞争力和市场地位有重要影响，因此应谨慎处理，避免泄露给未经授权的第三方。

四、注意事项

1. 3分钟内传达企业的核心价值、市场潜力、独特优势及商业模式

在与投资人初步接触的黄金三分钟内，企业需精准、高效地传达企业的核心价值、市场潜力、独特优势和商业模式。

首先，企业需简要介绍行业内的成功案例和经验教训，为投资人描绘行业背景，展现企业对市场趋势的深刻洞察。这有助于投资人快速把握市场环境，并评估自己对这一领域的了解。

紧接着，企业要深入介绍自己在市场中的定位，包括发展阶段、年度销售额和市场份额等关键数据。这些数据将直观地展现企业在市场中的地位和增长潜力，帮助投资人快速评估企业的投资价值及存在的风险。

同时，企业需突出自己与竞争对手的显著差异。清晰地阐述企业的独特性和竞争优势可以增强投资人对企业的信心和兴趣。

在阐述时，企业应避免内容冗长，要集中于几个核心特点进行精炼且有力的说明。这样可以让投资人更好地理解项目的核心价值和市场前景。

最后，企业需向投资人展示企业的商业模式及未来发展规划。这不仅能展示企业的长期潜力和盈利能力，也能让投资人更有信心。通过这种精准、高效的沟通方式，企业可以在更短的时间内吸引投资人的注意，并激发他们的投资意愿。

2. 一问一答，讲述企业优势和投资收益

在与投资人沟通时，采用一问一答的交流方式可以更有效地传达信息，确保双方沟通顺畅。创业者应提前准备，针对投资人可能提出的关键问题，如企业的核心价值、客户价值、成功因素、核心竞争力等，给出清晰、精炼的回答。

当被问及“你这个想法的核心价值是什么？”时，创业者应直接阐述

项目的核心理念、创新点以及它将如何解决市场上的痛点或满足未被满足的需求。

对于“能给客户带来什么价值？”这一问题，创业者应详细描述项目的目标客户群体，以及项目如何提升他们的生活质量、工作效率或降低成本等。

当被问及“为什么你能做成这个项目？”时，创业者应强调自身的优势、团队的专业背景、资源整合能力以及项目所具备的关键技术和资源等。

针对“核心竞争力在哪里？”的问题，创业者应指出该项目与其他竞争项目的差异，如独特的技术、专利、品牌、市场定位等。

对于融资额度问题，创业者应遵循一个原则：除非投资人主动提及，否则不要主动提出。尽管融资计划书可能包含了详细的资金使用和财务分析，但投资人更关注的是项目的潜力和预期收益。因此，创业者应将沟通的重点放在项目的优势和预期的投资收益上。

在谈论投资收益时，创业者应提供具体的数据和分析，如预期的年复合增长率、投资回报率、市场容量和增长趋势等。这些数据和分析将帮助投资人更直观地了解项目的盈利潜力和市场前景，从而增强他们的投资信心。

总之，创业者应通过一问一答的方式，用精练的语言清晰表达项目的优势和预期收益，以吸引投资人的兴趣并促成合作。

3. 坦诚相待，无须多虑

许多创业者担心，如果向投资方详细透露项目细节，万一融资失败，就会泄露自己的商业机密。其实，这种担忧在一定程度上是多余的。因为在投资决策过程中，投资人通常需要深入了解项目的各个方面，包括市场定位、竞争环境、技术细节等。只有在充分了解项目细节的基础上，投资人才能够做出明智的决策。创业者遮遮掩掩地介绍项目，不仅难以赢得投资人的信任，还可能让投资人怀疑创业者的诚意和专业素养。而且，过于谨慎的态度可能会让投资人觉得创业者对项目缺乏信心，从而影响投资人对项目的整体评价。

而且我们也要认识到，如果项目的可复制性很高，那么即便创业者试图隐瞒一些细节，也难以保证其他竞争者不会通过其他途径获得这些信息。一个项目真正的核心竞争力不只是它的技术或产品本身，还包括团队能力、市场定位、品牌影响力等多个方面。因此，创业者应注重在多个方面建立自己的优势，而不是过分担心商业机密的泄露。

总之，坦诚相待是赢得投资人信任的关键。创业者应充分展示项目的优势和潜力，同时保持自信和专业的态度。只有这样，企业才能够吸引更多投资人的关注和支持，推动自身快速发展。

4. 尽力而为，坚守底线，勿过分追问结果

在项目的前期规划和融资谈判中，创业者必须保持清晰的头脑和坚定的立场。首要任务是明确自己的底线和利益所在，不要因为急于获得资金而轻易放弃自己应有的权益。投资人对于创业者的态度和立场是非常敏感的，任何过分妥协或出卖利益的行为都可能让他们对创业者产生不信任感，进而影响投资决策。

此外，创业者需要认识到，融资谈判往往是一个长期而复杂的过程，无法一蹴而就。谈判结束时，往往不会有明确的结果，更多时候是等待投资方的消息。此时，创业者应保持耐心和冷静，不要过分追问结果，尤其是避免提出“你们觉得我的项目获得投资的机会有多大”这类问题。这类问题不仅无法得到确切的答案，还可能给投资人留下不专业的印象，影响整个谈判的进展。

企业融资需要企业仔细揣摩。在融资过程中，创业者需要注重沟通技巧和谈判策略，同时保持自信和决心。只有这样，企业才能更好地掌握主动权，推动融资谈判向有利于自己的方向发展，最终实现融资目标。

第七章

07

企业上市规划与实践

第一节　企业上市申请被否的主要原因

在资本市场中，每一个企业都怀揣着上市的梦想，希望通过这一途径拓宽融资渠道，提升品牌知名度，进而实现企业的跨越式发展。然而，上市之路并非坦途，上市申请被否的情况时有发生。在这些被否的案例背后，往往隐藏着种种原因，它们或涉及企业自身的财务状况、盈利能力，或与企业的内控管理、关联交易、信息披露等紧密相关。本节将通过几个具体案例深入探讨企业上市申请被否的主要原因，以期为那些正在或即将踏上上市之路的企业提供一些启示和借鉴。

一、企业上市申请被否典型案例及分析

1. 北京诺康达医药科技股份有限公司申请创业板上市被否

（1）被否理由。

深圳证券交易所上市审核中心重点关注以下事项：一是报告期内各类细分业务收入增长的原因及合理性，包括各阶段确认收入的外部证据，以及是否存在提前或推迟确认收入的情形；二是报告期内主要客户与发行人（指北京诺康达医药科技股份有限公司）相关研发项目的真实商业背景和合理性，研发项目的不确定性程度，以及是否存在项目资金来源于发行人利益相关方的情况；三是前后两次申报的主要差异及其原因，前次申报存在的主要问题及整改情况，以及相关内部控制制度是否健全有效。

上市审核委员会（简称“上市委”）审议后认为：发行人未能充分说明业绩大幅波动的原因及合理性，以及与部分客户交易的商业合理性。因此，发行人不符合《首次公开发行股票注册管理办法》第六条及《深圳证券交易所股票发行上市审核规则》第二十五条的相关规定。经上市委合议，形成以下审议意见：北京诺康达医药科技股份有限公司不符合发行条件、上市条件

或信息披露要求。

（2）上市委提出的问题。

①业绩大幅波动。根据发行人申报材料，发行人于2019年曾申报科创板并于当年撤回申请。在2016—2018年，发行人的归母净利润分别为601.69万元、3504.28万元、7757.77万元；而在2019—2022年，其归母净利润分别为2560.50万元、2250.10万元、5922.11万元、8414.23万元。

请发行人详细阐述前次申报报告期内业绩大幅增长、撤回申请当年业绩即大幅下降的具体原因，并解释其合理性；说明2021年、2022年业绩大幅增长的具体原因及合理性。同时，请保荐机构对此发表明确意见。

②收入与主要客户问题。发行人主营业务为以药学研究为主的医药研发外包服务，报告期内发行人营业收入分别为14712.60万元、21409.83万元、27573.42万元，其中前五大客户收入占营业收入的比例分别为37.25%、36.21%、39.03%。发行人药学研究服务按照履约进度确认收入，并设置了4个里程碑，其中实验室小试、工艺交接阶段以客户盖章确认函为收入确认的外部证据。

请发行人详细解释报告期内营业收入大幅增长的具体原因及合理性；明确说明前五大客户盖章确认函的取得时间与项目进度是否匹配，与总结报告、工时记录、实验室记录等是否存在时间差异，是否存在调节收入或虚增收入的情形。同时，请保荐机构对此发表明确意见。

③MAH客户问题（MAH客户通常指的是在药品上市许可持有人制度下，拥有药品上市许可的个人或机构。这些客户可能是药品研发机构、科研人员，或者是有能力委托生产但自身不具备生产条件的企业）。根据发行人申报材料，发行人部分MAH客户仅委托发行人进行药品研发；部分MAH客户成立不久即向发行人采购研发服务；部分MAH客户未持有MAH证书。

请发行人详细解释存在上述前两种情形的原因及合理性；结合部分MAH客户的项目平台公司特征、部分研发项目拟转让或已终止等情况，阐述相关研发项目是否具有真实商业背景和商业合理性，并说明研发项目是否具有较大的不确定性，以及是否存在项目资金来源于发行人利益相关方的情形。同时，请保荐机构对此发表明确意见。

④与浙江佰奥医药科技有限公司（简称“浙江佰奥”）有关的问题。根据发行人申报材料，2019年12月31日浙江佰奥成立时，发行人持有其40%的股份，为其第一大股东。浙江佰奥成立之初，共设5个董事会席位，发行人有权提名3名董事，实际提名2名董事。发行人实际控制人之一陶秀梅曾担任浙江佰奥董事长。目前，发行人持有浙江佰奥25%的股份，在其董事会占有1个席位。2020年浙江佰奥与发行人签订9个项目合同，金额共计3649.52万元，属于发行人前五大客户。

请发行人结合浙江佰奥股权结构变化、董事会席位变化等情况，明确说明是否存在发行人实际控制浙江佰奥的情形；结合浙江佰奥资金来源及财务状况，阐述发行人及其关联方是否与浙江佰奥及其股东存在未披露的资金往来或利益安排，以及浙江佰奥是否专为发行人设立。同时，请保荐机构对此发表明确意见。

⑤前次申报问题。根据发行人申报材料，发行人于2019年4月申请在上海证券交易所科创板首发上市，同年6月上海证券交易所启动现场督导，同年7月发行人撤回申请，2020年4月被上海证券交易所予以监管警示。前次申报时，发行人第二大客户北京亦嘉新创医疗器械技术研究院有限公司（简称“亦嘉新创”）在设立时由发行人时任监事配偶之母代持股份，其实缴资本来自发行人实际控制人，且在设立后不久即与发行人签订了27个项目订单，其中20个项目在发行人撤回申请后终止。亦嘉新创仅委托发行人进行药品研发。

请发行人详细说明亦嘉新创的设立背景、股权代持情况及其合理性，以及是否专为发行人设立；阐述亦嘉新创是否实际被发行人或发行人实际控制人控制，发行人与亦嘉新创之间的业务往来是否具有真实的商业背景和商业合理性，是否存在通过亦嘉新创虚增业绩的情形；说明前次申报科创板时撤回申请的具体原因，以及存在的主要问题；详细阐述发行人在撤回申请后对存在问题的整改措施及整改进展，同时说明相关内部控制制度是否已得到完善，并评估其健全性和有效性。同时，请保荐人对上述问题进行独立核查，并基于核查结果发表明确意见，包括但不限于对亦嘉新创设立背景及业务往来的合理性、前次申报撤回原因及整改情况的评估，以及对发行人内部控制制度的健全性和有效性的判断。

2. 鼎镁新材料科技股份有限公司申请主板上市被否

（1）被否理由。

上海证券交易所上市审核中心在审核过程中重点关注了以下事项：一是发行人（指鼎镁新材料科技股份有限公司）实际控制人的认定，审核关注无实际控制人的认定是否符合实际情况，是否存在规避发行上市条件或监管的情形；二是业务独立性，审核关注发行人获取客户的独立性，特别是对巨大集团是否存在重大依赖，以及向巨大集团关联销售的必要性、合理性及价格公允性；三是社保公积金缴纳情况，审核关注发行人社保和住房公积金缴纳是否合规，补缴是否会对发行人持续经营能力产生重大不利影响，对社保公积金劳动纠纷事项计提的预计负债是否充分；四是董事长涂季冰的薪酬，审核关注其薪酬较高的原因及合理性，涂季冰大额薪酬计入研发费用的合理性，以及对涂季冰资金流水的核查情况。上市委审议认为，发行人未依法足额缴纳社会保险费和住房公积金，报告期内财务报表未在所有重大方面公允反映发行人的财务状况和经营成果，不符合《首次公开发行股票注册管理办法》第十一条的相关规定。

（2）上市委提出的问题。

①请发行人代表说明社会保险费和住房公积金的缴纳情况是否符合《中华人民共和国社会保险法》《社会保险费征缴暂行条例》《住房公积金管理条例》等法律法规的规定，相关信息披露是否真实、准确；同时，相关应付职工薪酬及成本费用的确认和计量是否符合企业会计准则和相关会计制度的规定，以及与社会保险费和住房公积金相关的内部控制制度是否健全且被有效执行。

②请发行人代表说明报告期内与巨大集团关联交易相关产品的定价依据，以及关联交易和非关联交易在平均单价、毛利率方面存在差异的原因及合理性；同时，请说明发行人是否对巨大集团存在重大依赖，以及是否存在通过巨大集团向发行人输送利益的情形。请保荐代表机构针对以上事项发表明确意见。

③请发行人代表说明涂季冰领取大额薪酬的合理性，是否符合发行人所

在行业及地区的薪酬水平。同时，请说明薪酬在研发费用和管理费用间分配的依据是否充分，以及相应研发费用所得税税前加计扣除的情况。请保荐代表人针对以上事项发表明确意见。

3. 思必驰科技股份有限公司申请科创板上市被否

（1）被否理由。

上海证券交易所上市审核中心重点关注以下事项：一是发行人（指思必驰科技股份有限公司）核心业务的市场竞争格局、核心产品的差异化竞争布局、核心技术的科技创新体现、核心技术与主要产品的升级迭代周期和研发储备，发行人核心技术的硬科技属性、差异化竞争的有效性；二是发行人预测了未来4年营业收入复合增长率，审核关注相关预测的合理性和审慎性，以及发行人报告期内持续亏损、净资产大幅下降的情况，进而评估发行人经营能力的可持续性。上市委审议认为，发行人未能充分说明未来4年营业收入复合增长率的预测合理性，未能充分揭示上市前净资产为负的风险，相关信息披露不符合《首次公开发行股票注册管理办法》第三十四条的相关规定。

（2）上市委提出的问题。

①请发行人代表结合核心业务的市场竞争格局、核心产品的差异化竞争布局、核心技术的科技创新体现、核心技术与主要产品的升级迭代周期和研发储备等，对比同行业可比公司，详细说明公司核心技术的硬科技属性以及差异化竞争的有效性。请保荐代表人发表明确意见。

②请发行人代表结合行业竞争格局、龙头企业近3年经营情况，进一步阐述公司预测未来4年营业收入复合增长率的合理性和审慎性；结合公司报告期内持续亏损、净资产大幅下降等情况，详细分析公司经营能力的可持续性。同时，请保荐代表人发表明确意见。

二、企业上市申请被否有哪些情形

企业上市申请被否的情形主要包括但不限于以下几种。

财务数据未达标：企业可能因为财务报表造假、计量和核算不规范、财务数据未达到上市要求或新规标准而被否决。

股权问题：股权高度集中或者股权结构不清晰导致上市申请被否。有些企业存在股权代持等情形，这会使得股权权属不清晰，从而影响上市。

内部控制制度和关联交易问题：企业如果缺乏完善的内部控制制度，或者存在过多的关联交易，也可能会被监管机构否决。例如，鼎镁新材料科技股份有限公司上市被否的原因之一就是关联交易未能充分披露。

持续盈利能力问题：如果企业不能证明其具备持续盈利能力，或者业绩增长出现异常，如收入增长过快或过慢，都可能导致上市申请被否决。

板块定位问题：若企业不能清晰地说明自己所属板块的定位，或者不符合特定板块（如科创板、创业板等）的上市要求，也可能导致上市申请被否决。

与法律、行政法规及监管要求不符：如果企业存在违法行为，或者不符合中国证监会等监管机构的相关规定，上市申请同样会被否决。例如，招股说明书、发行保荐书等文件不齐备且未按要求补正，或者企业及其相关人员因证券违法违规被采取相关措施等。

此外，还有其他一些可能导致上市申请被否的因素，如企业没有在审查报告中充分披露信息，让投资者完全了解公司的财务状况、投资风险、经营状况等；或者企业所在行业面临政策风险、市场风险等不确定性因素，也可能影响上市申请的审批结果。

总的来说，企业上市申请被否的原因多种多样，需要企业在准备上市阶段就进行充分的审视和准备，以避免出现这些可能导致上市被否的情形。

第二节　企业上市准备

随着社会经济的不断发展，市场竞争日趋激烈，若企业无法保持持续的努力和进步，则可能面临被市场淘汰的风险。对于表现优秀的企业而言，上市融资将成为其实现进一步发展的必然选择，同时也是增强其市场竞争力的有效手段。这一节我们来看一看企业在上市前需要完成哪些必要的准备工作。

一、完成企业的股份制改造，优化公司治理结构，使企业符合上市公司的形式要求

因历史原因，我国民营企业在起始阶段相对滞后，呈现出多样化的形态，也出现众多不规范现象。比如，一些已达到相当规模的企业在工商登记中仍被归类为“个体户”，但其年产值远超亿元，甚至达到数亿元，早已超越了法律对“个体户”的界定。此外，部分企业源于老国企的改制，拥有涉及自然人股东、法人股东、职工持股会等多元化的股权结构，呈现出复杂的特性。还有部分企业是从当年的集体企业改制或不完全改制而来，遗留了诸多历史问题。针对上述情况，若企业有上市意愿或计划，首要任务就是在企业组织形态上做好以下工作。

（1）实施股份制改造。对于尚未进行公司化改造的企业，应首先进行法律和财务咨询，确保改造方案的合法性和可行性。在资产评估和产权界定过程中，应邀请具有资质的第三方机构参与，以增强改造结果的公信力。对于已经是规范化有限责任公司的企业，进行股份制改造时，应考虑引入战略投资者或进行股权激励，以优化股权结构，增强公司竞争力。

（2）制定并执行公司章程。企业应设计符合《公司法》规定的公司章程。公司章程需详细规定股东会和董事会的职权范围、决策程序和表决机制，确保公司运作的规范性和合法性。公司章程还需包含对股东权利和义务的规定，以及对公司管理层的激励和约束机制，以保障公司长期稳定发展。

（3）完善法人治理结构。企业应根据《公司法》及公司章程的规定，建立包含股东大会、董事会、监事会在内的法人治理结构，明确它们职责、权力和决策机制，确保决策的科学性和执行的有效性。

企业进行股份制改造后，在各方面符合条件的情况下，可设立为股份有限公司。

二、完善企业财务管理和运行制度

企业上市前必须接受社会审计，其审计内容涵盖上市前3年的财务状况，

内容庞杂、细致，若不提前按《公司法》及企业上市相关规则的要求建立完善的企业财务管理和运行制度，并严格按此运行，则企业上市的进程必将延误，对企业发展极为不利。企业上市前应按“预则立”原则做好以下几方面的财务工作。

1. 社会审计

（1）审计前的资料收集。

股份有限公司上市需要符合一系列条件，其中财务方面必须符合《公司法》及相关上市规则的要求。因此，股份有限公司必须对审计报告期内企业账面上反映的数据提供真实、充分、翔实的证明材料，以证明企业已满足上市的严格条件和要求。这些材料需经过合规的审查核实并出具相关的审验报告，才有资格上报财政部申请上市。

（2）询证函的收发。

询证函是为证明企业在审计报告期内的债权、债务及货币资金状况，而向款项对应单位或个人发出的书面证明材料。其收发工作的进行并不容易，需要企业专门部门与律师紧密配合，力求准确无误、全面覆盖。其效果的好坏将直接影响产权界定和评估工作的准确性的高低，进而影响企业上市的进程。

（3）审计前的自查核实。

资料收集全面以后，企业需进行自查与整理。这项工作应在接受社会审计前完成，企业需确保向会计师事务所提供的资料信息真实、完整、有效。清查核实的重点可根据企业自身情况而定，主要包括企业的资产、债权、债务及收益事项等。

2. 资产评估

企业上市前的必然环节之一是对企业资产进行评估。该项工作能否顺利进行取决于企业前期管理工作的成效，尤其是财务工作运行的规范情况。在资产评估过程中，企业的主要工作包括：按照评估机构的要求，全面清理企业资产，提供准确的相关数据，为评估机构实施评估做好充分准备。

三、知识产权方面的准备工作

知识产权是公司资产的重要组成部分，知识产权的特殊性使其极易产生纠纷，甚至引发诉讼。任何针对企业知识产权方面的诉讼，即便是恶意举报，都可能延缓企业的上市进程，对企业上市构成严重威胁。因此，对企业知识产权进行专业的管理和全面的策划，不仅是保护企业资产权益、实现资产增值的关键，更是促进企业顺利上市甚至成功上市的助推器和保障。企业若希望顺利上市，应当在知识产权方面提前做好准备工作，未雨绸缪。

1. 专利

任何人都可以在国家知识产权局的网站上免费查询企业的专利数量、种类及法律状态，这与《公司法》及公司上市规则对拟上市公司关于如实披露专利信息的要求是相符的。企业应做好以下几个方面的准备工作：

（1）采取各种方式来增加专利数量并提升专利质量，以充分展示公司的技术实力、资产实力以及广阔的发展前景。

（2）做好策划工作，正确引导公司的研发方向，确定公司的市场空间，在律师指导下做好专利的保护、管理、运用和价值扩张工作。特别要利用专利审批过程中的提出异议、答复审查意见、专利驳回后的复审等程序，有效保护企业专利权或获得额外价值，同时排除他人专利申请或专利权对企业可能产生的不利影响。

（3）建立一套合理的制度，培养公司的创新文化，激励员工积极主动地创新，以增加专利数量，提升专利质量。

（4）在上市前，充分利用律师的专业工作，排查并解决潜在的专利权属和专利侵权问题。

2. 商标

企业在发展过程中，往往因对商标权的保护不够重视而在企业字号、Logo、产品外观设计等方面缺乏长远和系统的规划，这种疏忽可能给企业带来侵权风险，影响公司上市进程，甚至可能导致企业面临巨额赔偿，损害企业的无形资产价值。因此，公司需要在专业律师的指导下，明确商标战略，梳理商标与企业标识之间的关系，确立清晰的商标保护策略，以消除潜在风险，确保公司能够顺利上市并实现上市后的稳定、快速发展。

在全球化的今天，“地球村”和“国际化”已成为常用词汇，上市公司更需积极融入国际市场。将商品推向国际或与进口商品竞争，是企业发展的必然趋势。企业不仅要在国内注册商标，保护自身的品牌标识，更要重视在海外市场的商标注册工作。对于某些企业来说，国外商标注册的重要性甚至应该被提升到战略层面，这不仅有助于企业开拓国际市场，扩大生存和发展的空间，更能避免因商标问题带来的经济损失和法律风险，保障企业的长远利益。

3. 著作权

在互联网时代，信息的快速传播和共享使得“复制”和“借鉴”变得轻而易举。这一现象无疑给著作权保护带来了前所未有的挑战。从大型企业的产品，如操作系统的源代码，到小型创作者的劳动成果，如一首歌曲或一篇文章，它们一旦被上传至互联网，就可能成为被“复制”或“借鉴”的对象。这种无孔不入的侵权行为使得著作权变得岌岌可危，让创作者和企业的权益受到严重威胁。

对于许多行业而言，著作权不仅是保护创意和原创性的法律手段，更是企业的生命线。在影视传媒、文化创意、软件和动漫产业等特定领域，产品和服务往往依赖于高度的创意和原创性。这些行业的核心竞争力往往体现在其独特的创意和表达方式上，而这些正是著作权保护的核心内容。因此，这些行业中的企业在产品诞生之初就应该特别重视著作权的问题，并寻求法律的保护。

然而，现实情况却令人担忧。由于互联网的特性，著作权侵权行为往往难以追踪和打击。许多侵权者利用网络的匿名性和跨地域性，肆无忌惮地侵犯他人的著作权。而受害者往往因为维权成本高昂、程序烦琐而望而却步，这无疑助长了侵权者的嚣张气焰。

著作权的保护刻不容缓。为了最大化企业的知识产权价值并避免知识产权纠纷，许多企业会选择将商标权、著作权和专利权三者结合，形成一道坚固的知识产权保护屏障。这样做不仅可以确保企业的创意和原创性得到充分保护，还可以规避因侵犯他人知识产权而引发的法律纠纷，从而保障企业的正常运营和发展。但仅仅依靠法律保护是不够的。企业还需要加强内部管理和培训，增强员工的知识产权保护意识。只有这样，企业才能在激烈的市场竞争中立于不败之地，实现可持续发展。

4. 域名

互联网的崛起，为个人和企业创造了一个前所未有的展示舞台。这个虚拟世界不仅超越了地理空间的限制，还提供了无限的可能性，让各种主体能够轻松进入电子商务领域，展示自身形象或实现营销目标。在这样的背景下，域名注册成为开展电子商务的首要任务。

一个恰当、易记且富有创意的域名，不仅能够帮助企业在海量的信息中脱颖而出，还能提升企业品牌形象，提高消费者的认知度和信任度。然而，域名注册并非简单地选择一个名字，它涉及许多法律、技术和商业方面的考虑。一个好的域名应该能够准确传达企业的价值观、产品或服务特点。在许多情况下，企业的字号或商标已经具有一定的知名度和市场影响力，因此企业在注册域名时，应尽可能保持域名与字号或商标的一致性。这样不仅可以避免潜在的法律纠纷，还能够提高品牌的连贯性和认知度。随着电子商务的不断发展，域名纠纷也呈现出日益增多的趋势。这些纠纷往往涉及域名的所有权、使用权和侵权等问题。因此，企业在注册域名时，应充分了解相关的法律法规和规则，避免陷入不必要的法律风险。

除了专利、商标和著作权等明显为企业创造巨大价值的知识产权外，商业秘密、企业名称和姓名、认证标志和名优标志、商品产地、包装及装潢等也是企业不可或缺的知识资产，它们同样为企业带来不菲的价值。这些知识产权也极易成为他人侵权的对象，同时，企业在日常经营中稍有不慎，也可能在不自觉中侵犯他人的相关权益，从而触犯《中华人民共和国反不正当竞争法》的规定，不仅这种行为被视为违背诚实信用原则和商业道德，而且企业还将面临承担民事责任和行政责任的风险。因此，企业在保护自身知识产权的同时，也需时刻警惕避免侵犯他人的合法权益。一旦产生纠纷，将对拟上市的企业形成严重打击，很可能导致其上市进程的延缓。为了有效应对这一挑战，企业须增强法律意识，建立健全的知识产权体系，利用法律手段对创新成果进行分类申请专利，或将其作为商业秘密进行保护。同时，企业还应根据自身的业务特点和市场环境，制定不同的策略和措施，确保知识产权得到全面、有效的保护。

四、实务准备

上市前的实务准备是企业上市成功的关键，实务准备包括企业的组织准备、业绩准备、制度建设准备等方面。

1. 组织准备

上市工作是一项涉及多方面、工作量巨大且周期较长的复杂任务，通常需要持续2～3年的努力。为了保障上市进程的顺利推进，企业必须组建专业的团队，并建立专门的组织结构来负责这项工作。

首先，企业应成立上市委员会（或称上市领导小组）。上市委员会的主要职责是制定上市的整体战略和决策，领导并监督上市工作的开展；同时，还需负责协调企业内部的资源，确保上市计划与企业的整体目标和战略一致。上市委员会通常由3～7人组成，成员包括股东代表、董事会的主要成员以及企业的高级管理人员。

上市工作小组是上市委员会下的执行机构，负责日常工作的执行。小组成员通常来自公司的总经办、人事行政、财务等部门，人数为3～5人。上市工作小组与上市顾问、券商、律师、会计师、评估师等所在的中介机构紧密合作，提供上市所需资料，并执行中介机构的各项任务。

董事会秘书在上市过程中也扮演着关键角色，需负责将上市计划具体化并执行。在上市前，董事会秘书应接受专业培训，熟悉相关法规政策，并为企业制定上市规划。一旦规划经过企业决策层审议并通过，董事会秘书将负责实施，并与中介机构保持紧密合作。若企业暂时无法找到合适的董事会秘书人选，可以考虑由财务总监兼任董事会秘书。

此外，企业也可以选择聘请专业的上市顾问公司或全职专业人士负责上市的统筹工作，确保上市进程的顺利推进。

通过这样的组织结构和流程安排，企业可以确保上市工作的有序进行，并有效应对上市过程中的各种挑战。上市的成功不仅需要专业的知识和技能，还需要团队的协作和持续的努力。通过建立高效的组织结构和专业的团队，企业可以更好地应对上市过程中的各种挑战，实现上市目标。

2. 业绩准备

在企业的生命周期中，上市无疑是一个重要的里程碑，而决定企业能否顺利达到这一里程碑的关键因素就是其业绩的好坏。良好的经营业绩不仅是企业成功上市的重要保证，更是企业上市后决定其股价走向的主要因素。因此，对于拟上市企业来说，精细的业绩筹划显得尤为关键。

首先，突出主业是上市筹划的第一步。只有主业突出的企业，才能更清晰地展现其核心竞争力，也更容易获得监管机构的认可。因此，企业应对其近期的经营结构及业绩进行深入分析。如果发现企业存在多角化经营，且不同性质的业务经营规模差异不大，企业就要在上市顾问的指导下，调整经营范围，明确并强化主营业务，剥离或弱化非主营业务。通过这样的方式，企业可以集中力量发展核心业务，提高整体业绩。

其次，合理规划经营规模。经营规模是决定企业上市是否成功的重要因素，上市企业的经营规模不仅要满足市场的需求，还要有一定的增长潜力。因此，企业应根据所经营产品的市场占有情况，合理规划经营规模。这个规模应保持每年有一定幅度的增长。一般来说，企业可根据产品市场生命周期进行规划，实现每年有30%以上的增长是比较理想的状态。此外，企业还应注重提高经营效率，通过优化生产流程、降低成本等方式，实现规模经济。

最后，提高企业盈利能力。企业的盈利能力不仅关系企业自身的生存和发展，还会直接影响上市后股票的价格。因此，企业必须在盈利能力上下功夫。具体而言，企业的盈利能力主要体现在主营业务的毛利率上。企业的毛利率应高于同行业的平均水平，这样才有竞争优势。同时，毛利率的稳定也非常重要，其异常波动可能会对企业的盈利能力造成负面影响。此外，企业每年剔除非经常性损益后的税后净营业利润也要保持一定幅度的增长。一般来说，企业上市前每年的增长幅度应在30%以上。

企业要想成功上市，必须在业绩筹划上做到精细入微。从突出主业、合理规划经营规模到提高盈利能力，每一个环节都需要企业用心打磨。

3. 制度建设准备

为了保障企业成功上市并维持稳定的运营，建立健全管理制度体系至关重要。这一体系需紧密贴合企业自身的发展特点，以确保所有运营活动均符合规范要求。缺乏规范化的制度体系，企业运作将失去依托，进而影响企业的整体表现。一个完善的管理制度体系应涵盖多个方面，包括组织体系、行政管理体系、人力资源管理体系、财务管理体系、物料采购及仓储系统等。每个体系都有其独特的作用，共同构成了企业稳定发展的基石。

在组织体系方面，应明确企业的基本情况、文化理念、组织架构以及各部门的职责，以确保企业内部运作的顺畅。

行政管理体系涵盖了各类日常办公事务的管理规定，如会议、文书、档案、保密等，为企业的日常运营提供有力保障。

人力资源管理体系侧重于人才的选拔、培训、考核和福利等方面，旨在激发员工潜力，提升其整体工作效率。

财务管理体系负责资金的筹措、使用、核算和审计等工作，确保企业资金的安全和有效运用。

物料采购及仓储系统负责物资的采购、存储和管理，确保企业生产经营活动的顺利进行。各下属机构管理体系则根据具体情况制定相应的管理制度，以确保各下属机构与上市主体公司之间的协同运作。

新产品和技术研发制度、市场营销管理制度等也是企业发展的重要支撑。这些制度旨在推动企业的技术创新和市场拓展，提升企业的核心竞争力。

内部控制制度则是对企业各项管理活动的监督和约束，旨在保障企业运营的合规性和风险防范。

企业上市前资本运作的主要目的包括通过重组并购等方式扩大企业规

模，提升市场竞争力，以及通过股权投资、股权置换等方式实现间接上市，成为正式上市公司控制人。这些资本运作手段旨在为企业的长期发展奠定坚实基础。

通过建立全面的管理制度体系，企业可以构建一个坚实的管理基础，这不仅有助于其顺利上市，更能让其在竞争激烈的市场中稳定发展。

第三节　撰写上市方案

撰写上市方案是企业迈向资本市场的关键一步。这不仅是对企业现状和未来规划的全面总结，更是向投资者展示公司价值的最佳途径。通过一个结构化且详尽的上市方案，企业可以清晰地展示其投资潜力和增长前景，增强投资者的信心，从而为成功上市奠定坚实的基础。

上市方案的必备要素包括企业概述、市场分析、财务表现、业务模型、管理团队的介绍等。下面我们来具体看一下每个要素。

企业概述是上市方案的开篇，这一部分需要企业通过简洁有力的描述，全面展示公司的历史、使命、核心价值观以及当前市场地位。例如，企业可以详细介绍公司自成立以来的发展历程，包括重要的里程碑事件；同时，还应突出公司的使命和核心价值观，这些都是投资者了解企业文化和认同公司理念的重要依据；而企业在当前市场中的地位，以及相较于竞争对手的优势，也是不可忽视的关键信息。

市场分析是上市方案的重要组成部分。通过深入分析目标市场的规模、增长潜力、竞争格局及行业发展趋势，企业可以向投资者展示自身在市场中的定位和机会。比如，企业可以通过具体的数据和图表证明其目标市场的庞大规模和高速增长潜力，详细阐述行业内的竞争情况、主要竞争对手的优劣势和市场占有率。通过这些分析，投资者可以更清晰地看到企业面临的机遇和挑战。

财务表现则是投资者关注的焦点之一。在这一部分，企业需要提供详细的财务报表，包括收入、利润、现金流等关键财务指标，并对过去几年的财务表现进行详细解释。企业可以用数据、图表展示企业收入的稳步增长、利润的提升趋势以及现金流的健康状况。此外，企业还要详细说明财务表现背后的原因，如业务扩展、成本控制、市场策略等。

业务模型是展示企业独特竞争力的重要部分。在这一部分，企业需要详述其运营模式、盈利模式、客户群体和核心产品或服务的独特优势。企业可以详细描述自己的业务流程、运作机制，以及如何通过自己独特的业务模式实现盈利。企业还可以介绍一下企业核心产品的市场地位以及获得客户认可的原因，通过实际案例或者客户反馈体现产品或服务的独特优势。

管理团队的介绍是投资者评估企业未来发展潜力的重要因素之一。企业应重点介绍核心管理团队成员的背景和经验，突出他们在公司成长过程中的贡献以及对未来战略的执行能力。企业可以展示管理层成员在行业内的丰富经验、取得的成就和对公司业务的深刻理解，提升投资者的信任感和信心。

未来规划是展示企业愿景和增长潜力的重要部分。通过详述企业未来的扩展战略、市场进入计划和预期的业务增长，企业可以描绘出一幅宏伟的蓝图。具体来说，企业可以详细介绍其在产品研发、市场扩展和业务创新方面的具体计划和目标，以及实施这些计划所需的资源和支持。

风险因素也是企业必须透明展示的内容。在这一部分，企业需明确指出可能影响公司运营和盈利能力的潜在风险，并说明企业应对这些风险的策略。例如，企业可以列举如市场风险、运营风险、财务风险等，并具体说明企业将采取哪些措施降低这些风险对公司发展的影响。

最后，上市方案还需详细道明资金用途。企业需明确说明募集资金的具体用途，如投入研发、拓展市场、偿还债务等。企业可以详细说明投资计划，展示公司将如何有效利用募集资金推动业务的进一步发展，并最终提升企业的整体价值。

通过这种结构化的上市方案，企业可以系统性地展示其核心竞争力和未来发展潜力，增强投资者的信心，为企业成功上市奠定坚实的基础。

第四节　上市方案的审核与修改

在完成上市方案的初稿之后，为了确保上市方案的严谨性、专业性和吸引力，接下来的步骤至关重要。以下是详细的内部审核、外部评审以及根据评审意见修改和完善的过程。

一、内部审核

上市方案需进行内部审核。这一步骤旨在确保所有信息的准确性和完整性，以及内容的逻辑性和连贯性。内部审核应由公司内部的专业团队进行，他们需要对公司的业务、市场、财务等方面有深入的了解。

在审核过程中应重点关注以下几个方面的内容：

（1）数据准确性。核对所有财务数据、市场数据和其他关键信息，确保其来源可靠、计算正确、无误导性。

（2）内容完整性。检查上市方案是否涵盖了所有必要的部分，如企业概述、市场分析、财务表现、业务模型、管理团队、未来规划、风险因素和资金用途。

（3）逻辑连贯性。确保各个部分之间的逻辑关系清晰，内容衔接紧密，避免出现逻辑混乱或内容重复的情况。

对在审核过程中发现的问题和不足之处，企业应及时进行修改和完善。这可能包括修正数据错误、补充遗漏信息、调整内容逻辑顺序等。

二、外部评审

内部审核完成后，接下来是外部评审。企业邀请外部专家或顾问对上市方案进行评审，他们可以给企业提供更客观、更专业的意见和建议。这些专家或顾问可能来自投资银行、会计师事务所、律师事务所、咨询公司等领域，他们对上市过程和相关法规有深入的了解。

在外部评审过程中，专家或顾问将重点关注以下几个方面的内容：

（1）合规性。检查上市方案是否符合相关法规的要求，如《证券法》《公司法》等。

（2）吸引力。评估上市方案对潜在投资者的吸引力，包括公司的价值、市场前景、业务模式等。

（3）可行性。分析上市方案的可行性，包括公司的财务状况、市场策略、管理团队等。

根据专家或顾问的评审意见，企业可以对上市方案进行进一步的修改和完善。这可能包括调整内容结构、补充重要信息、修改表述方式等。

三、根据评审意见修改和完善

在收到内部和外部的评审意见后，企业需对上市方案进行必要的修改和完善。企业要综合考虑所有评审意见，确保上市方案的质量得到全面提升。

在修改过程中，企业应注意以下几点：

（1）针对性修改。对评审意见中提出的问题和不足之处进行有针对性的修改，确保问题得到妥善解决。

（2）保持一致性。在修改过程中，应确保上市方案的整体风格和表述方式保持一致，避免出现风格混乱或表述不清的情况。

（3）再次审核。在修改完成后，应再次进行内部审核和外部评审，确保上市方案的质量达到要求。

通过以上步骤，企业可以系统性地完成高质量的上市方案，增强在资本市场中的竞争力，从而为实现成功上市奠定坚实的基础。

第八章

08

券商的选择

第一节　券商的职责

在企业筹备上市这一关键时期，券商作为专业顾问，可为企业提供全面而深入的服务，确保企业能够高效、有序地通过上市流程的每一个环节。下面我们来看一下券商的具体职责。

一、资本市场顾问

券商作为企业进入资本市场的引路人，可为企业提供全面的咨询服务，包括但不限于以下几个方面：

（1）市场研究与分析。券商运用专业的分析工具和方法，对市场趋势、经济环境、行业动态等进行深入研究，为企业提供详尽的市场研究报告。

（2）战略规划与定位。基于企业的长远目标和当前状况，券商帮助企业制定清晰的发展战略，包括商业模式优化、资本结构调整和市场定位。

（3）板块匹配与选择。券商根据企业的行业属性、规模大小、成长性等因素，为企业匹配最适合的资本市场板块，如主板、创业板、科创板等。

（4）政策解读与适应。券商及时解读最新的资本市场政策和法规，帮助企业适应政策变化、规避政策风险，确保企业上市计划的顺利进行。

（5）行业比较与竞争分析。通过与同行业上市公司的比较，券商帮助企业识别自身的竞争优势和不足，为企业提供针对性改进建议。

（6）市场准入指导与协助。券商指导企业满足资本市场的准入条件，包括财务标准、公司治理、信息披露等，并在过程中提供必要的协助。

（7）资本运作咨询。券商为企业提供资本运作的咨询服务，包括股权融资、债券发行、并购重组等，帮助企业实现资本结构的最优化。

（8）风险管理与对策建议。券商帮助企业识别上市过程中可能遇到的风险，包括市场风险、信用风险、操作风险等，并提供相应的风险管理对策。

（9）持续的市场支持与教育。即使在企业上市之后，券商也会提供持续的市场支持，包括市场趋势分析、投资者关系维护、后续融资咨询等。

（10）国际化战略规划。对于有国际化发展需求的企业，券商提供跨境上市、国际市场融资等咨询服务，帮助企业拓宽国际视野，实现全球布局。

二、上市方案设计

券商根据企业的具体情况，为企业量身定制上市方案，包括基本的上市策略、最佳上市时间点的选择、发行价格的确定和销售方式的策划，还涉及企业故事的塑造、竞争优势的凸显以及市场定位的精准把握。这一过程需要券商深入分析企业的历史表现、市场潜力和未来增长策略，以制定出符合企业长远发展目标的上市路径。

三、申报材料准备

券商需要协助企业准备上市申报材料，确保所有材料的准确性和合规性，包括但不限于协助企业撰写详尽且具有吸引力的招股说明书，与会计师事务所紧密合作进行财务报表的审计，以及准备包括公司章程、股东大会决议在内的所有必需的法律文件。券商还会对所有材料进行严格的合规性审核，确保符合监管要求，避免遗漏或错误。

四、监管沟通、协调

券商在监管沟通、协调方面发挥着至关重要的作用。作为企业与监管机构之间的桥梁，券商负责监管预沟通，确保企业对监管要求有充分的理解和准备。同时，券商会积极响应监管机构的反馈意见，满足监管要求，并持续与监管机构保持互动，及时适应监管环境的变化。

五、投资者关系管理

券商可以帮助企业建立和维护与投资者的长期关系，通过分析投资者定位、制定投资者沟通策略、组织和实施路演、举办投资者会议和研讨会等，帮助企业在资本市场中建立积极的品牌形象，增强投资者对企业的信任，促进企业与投资者之间的良性互动，从而支持企业的长期稳定发展。

六、市场定价与销售

通过深入的市场研究和分析，券商协助企业确定股票的发行价格，确保价格反映企业的真实价值。在股票销售环节，券商负责组织承销团，执行销售策略，确保股票发行的成功。具体做法包括以下方面：

（1）市场研究与分析。利用市场研究工具，分析宏观经济状况、行业趋势、市场情绪以及同类上市公司的表现，为定价提供参考依据。

（2）企业估值。通过财务模型和估值技术，评估企业的价值，包括但不限于折现现金流、市盈率、市净率等方法。

（3）发行价格区间确定。根据企业估值和市场条件，确定一个合理的发行价格区间，以吸引投资者并反映企业价值。

（4）承销团组建。选择并邀请具有市场影响力的承销商加入承销团，共同负责股票的销售和分销。

（5）销售策略制定。制定销售策略，包括销售渠道的选择、目标市场的定位以及销售活动的策划。

（6）路演与销售推广。组织路演活动，向投资者推介企业，提升企业形象，提高投资者兴趣。

（7）订单收集与管理。在发行过程中，收集投资者订单，管理订单流程，确保销售目标的实现。

（8）市场反馈分析。分析市场反馈，调整销售策略，以应对市场变化。

（9）发行结果评估。发行结束后，评估发行结果，向企业反馈市场接受度。

七、风险管理

券商可以帮企业识别上市过程中可能面临的风险，包括市场风险、信用风险、操作风险等，同时为其提供风险评估和管理建议，帮助企业制定风险缓解措施，增强企业的风险抵御能力。具体做法包括以下方面：

（1）风险识别与评估。帮助企业识别上市过程中可能遇到的各种风险，包括市场风险、信用风险、操作风险、法律风险等，并对其进行全面的评估。

（2）风险量化分析。利用专业的风险管理工具和模型，对识别的风险进行量化分析，确定风险的可能性和潜在影响。

（3）风险缓解策略制定。根据风险评估结果，为企业提供定制化的风险缓解策略，包括风险避免、转移、减轻或接受等不同方法。

（4）内部控制体系优化。协助企业优化内部控制体系，加强风险管理和合规性，降低操作风险。

（5）市场风险对冲建议。提供市场风险对冲方案，如使用衍生工具进行风险对冲，帮助企业稳定股价和保护投资者利益。

（6）信用风险管理。针对信用风险，提供信用风险管理建议，包括信用评级、信用限额设定等。

（7）法律和合规风险咨询。提供法律和合规风险的专业咨询，帮助企业遵守相关法律法规，规避合规风险。

（8）危机应对计划制定。制定危机应对计划，确保企业在面临突发事件时能够迅速、有效地应对。

（9）风险管理培训与文化建设。为企业提供风险管理培训，增强全员风险意识，构建风险管理文化。

（10）持续风险监控与报告。企业上市后，券商继续提供风险监控服务，定期向企业报告风险管理情况。

（11）技术与系统风险评估。评估企业技术系统可能带来的风险，提供系统安全和数据保护的建议。

（12）环境与社会风险考量。考虑企业运营对环境和社会的影响，提供可持续发展的风险管理建议。

八、持续督导

企业上市后，券商会继续提供服务，包括持续的监管合规咨询、市场动态分析、后续融资活动的支持，以及董事会秘书、高管团队的培训等。

第二节　如何选择券商

券商在企业上市过程中的重要性不言而喻，那么，企业应该如何找到合适的券商呢？本节我们就来具体看一下。

一、评估券商的实力

评估券商的实力是一个多维度的分析过程，涉及财务表现、市场地位、业务能力、客户评价等多个方面。以下是一些用于衡量券商实力的重要指标和评估方法。

1. 财务健康状况

剖析券商的财务报表，审视其营业收入、净利润、资产负债情况以及现金流量；关注关键财务比率，如资产回报率、股本回报率、流动比率和债务比率等，这些比率能够揭示券商的盈利能力、资本结构和偿债能力。

2. 市场规模和份额

了解券商在股票、债券、衍生品等关键金融市场的交易量和所占市场份额，这些数据直接关系券商的市场竞争力；考察券商的地理业务覆盖范围和市场渗透力度，了解其在不同地区的业务拓展情况和影响力。

3. 客户基础和多样性

评估券商服务的客户群体构成，包括但不限于零售客户、高净值个人客户、机构投资者等，这可以反映券商的市场定位和客户服务能力，了解客户对券商服务的满意度和忠诚度，这些指标通常通过客户调查、市场反馈和品牌声誉来体现。

4. 业务范围和创新能力

考察券商提供的服务和产品种类，分析其在传统经纪、投资银行、资产管理等领域的业务能力；关注券商在金融产品和服务创新方面的表现，评估其适应市场变化和客户需求的能力。

5. 技术平台和数字化能力

评估券商的交易系统、市场数据服务、客户服务平台的技术稳定性和用户友好性；了解券商在金融科技领域的投入和创新成果，包括移动交易应用、算法交易、大数据分析等。

6. 品牌声誉和市场影响力

通过行业奖项、媒体报道、分析师评价等了解券商的品牌影响力；考察券商在资本市场中的活跃度和行业话语权，了解其市场策略和领导地位。

7. 国际化程度

了解券商在全球市场的业务布局和跨境服务能力，评估券商在不同国家和地区的市场表现和合规记录。

8. 风险管理能力

考察券商的风险控制体系和历史风险事件处理情况，评估其对市场波动的应对策略和风险缓解措施。

9. 监管合规记录

查看券商的监管合规历史，包括是否有违规行为、监管处罚等，了解券商在遵守行业规范和法律法规方面的表现。

10. 研究和分析能力

评估券商的研究部门提供的市场分析报告、投资策略和行业研究的深度和准确性；了解券商在宏观经济和行业趋势预测方面的能力。

通过综合这些指标和信息，企业可以对券商的实力进行全面评估，从而做出更加明智的选择。

二、服务内容及收费

1. 服务内容

（1）IPO前期咨询。券商提供深入的IPO前期咨询服务，帮助企业理解上市流程的每个阶段，提供的服务内容包括：定制上市路线图，明确关键里程碑和时间节点；分析市场条件，评估经济周期、行业趋势对上市时机的影响；估值咨询，运用多种财务模型确定企业市场价值；为企业提供监管要求相关的信息，确保企业对上市标准和披露义务有清晰认识。

（2）财务顾问。券商的财务顾问服务专注于优化企业的财务表现和透明度，具体包括：制定财务重组策略，改善财务报表，提升企业对投资者的吸引力；提供资产评估服务，确保所有类别资产得到合理估值；构建财务预测模型，为企业未来发展提供财务指引和设定目标；等等。

（3）法律合规审查。券商需确保企业在法律和监管层面无懈可击，对企业法律架构、运营模式进行全面审查，提出合规性改进建议；指导完善信息披露制度，保障企业在上市前后的透明度；协助建立公司治理结构，包括独立董事制度和内部控制流程。

（4）市场推广。券商可为企业制定市场推广计划，并运用多渠道营销策略，确保企业信息在目标受众中得到有效传播，从而扩大企业的影响力。同时，通过组织投资者路演，券商可帮助企业清晰、有力地传达其价值主张和长期愿景，吸引投资者的兴趣和建立投资者的信任。此外，券商还专注于媒体关系的建设，通过策略性的新闻发布和深入的媒体访谈，塑造并维护企业的积极公众形象，为企业在资本市场中的成功铺平道路。

（5）股票发行与承销。券商在股票发行过程中提供关键支持，包括：制定发行规模和价格策略，确保企业价值得到市场认可；管理发行流程，包括认购、分配和结算等环节的协调；监管发行过程，确保所有操作符合监管要求；等等。

（6）上市辅导。券商可为企业提供上市前的专业培训和辅导，具体包括：针对高管团队的资本市场规则和流程培训；举办研讨会和工作坊，分享上市成功案例和应对策略；实时更新市场和监管变化，帮助企业及时调整策略；等等。

（7）后续服务。上市后，券商可继续为企业提供持续的资本市场深度服务，具体包括：持续提供市场趋势和行业分析，辅助企业做出明智决策；提供再融资活动咨询，包括股票增发、债券发行等多元化融资方案；提供并购咨询服务，帮助企业通过战略并购实现业务增长和扩张；等等。

（8）危机管理。券商可帮助企业建立和维护危机管理能力，具体包括：为企业制定全面的危机应对计划；开展危机沟通培训，提高企业高管在面对危机时的沟通和应对技巧；在市场波动或其他不利情况下，提供快速响应和有效管理策略；等等。

2. 收费

券商的收费通常根据项目的复杂程度、工作量、资源投入以及客户的具体需求来确定，可能包括但不限于以下几种收费方式。

（1）固定费用。固定费用通常是指在IPO过程中，券商为企业提供标准化服务时所收取的预先确定的费用。这些费用可能包括但不限于承销保荐费、审计验资费、律师费等。根据2022年A股IPO发行费用的分析，我们可以得出一些参考数据：主板的平均发行总费用约为7104万元，其中承销保荐费平均为4957万元。科创板的平均发行总费用约为11889万元，其中承销保荐费平均为9302万元。创业板的平均发行总费用约为8615万元，其中承销保荐费平均为6594万元。北京证券交易所的平均发行总费用约为1808万元，其中承销保荐费平均为1264万元。这些费用中，承销保荐费是占比最大的一部分，通常在发行费用中占据主要比例。例如，在主板中，承销保荐费占发行总费用的69.78%，在科创板中占78.24%，在创业板中占76.54%，在北京证券交易所中占69.91% 。

（2）成功费。基于IPO成功完成的里程碑，如上市申请获批，券商会收取一定比例或固定金额的费用。根据业内实践，这种费用可能会根据项目的规模和复杂性的不同而有很大差异。

（3）成功上市后的融资额百分比。根据企业上市后募集资金的总额，收取一定百分比的费用。这种费率因项目而异，但根据历史数据，承销保荐费率大致在1.54%～13%不等。

（4）分阶段收费。根据项目完成的不同阶段，按进度收费。例如，可能会在提交申请材料、通过审核、成功上市等不同阶段收取费用。具体的费率和收费时点需要根据企业与券商的具体协议确定。

（5）定制化费用。对于具有特殊需求或复杂情况的企业，财务顾问可能提供定制化的收费方案，以满足企业的独特需求。这种服务可能包括更专业的财务顾问、市场分析、风险管理等，费用会根据服务内容和复杂程度确定。目前，券商正积极布局量化私募服务，并提供定制化方案，这表明券商有能力根据客户需求提供个性化服务。

与券商建立长期稳定的合作关系对企业长期发展至关重要，有助于确保企业获得持续优质的金融服务和更有竞争力的交易条件。选择有长期合作意愿和能力的券商作为伙伴，可以避免短期服务带来的技术、业务和管理风险。企业应基于自身发展阶段和需求，积极寻求与实力相当的券商建立长期合作关系，实现共同发展。

第三节　与券商的合作方式

前面我们了解了券商的职责、服务内容和收费等情况，这一节我们来看一下企业与券商的合作方式。企业与券商合作可以采用战略合作的方式，也可以采用专项业务合作的方式。

一、战略合作

企业与券商之间的战略合作是一种互利共赢的伙伴关系，通过共同设定商业目标、深度交流建立信任、整合双方资源、提供定制化服务、共担风险共享利益、采取长期合作视角、确保合规透明运营、促进文化融合和协同工作等，共同推进企业的发展和资本市场活动，实现资源共享、优势互补，加速企业成长，提升企业市场竞争力，并为双方带来长期的增值和成功。下面我们来看一下战略合作通常包括哪些合作内容，以及签订战略合作协议的具体流程和注意事项。

1. 战略合作内容

（1）资本市场服务。券商为企业提供全面的资本市场服务，包括上市咨询、股票发行、债券发行等。

（2）财务顾问服务。券商为企业提供财务重组、资产评估、投资建议等财务顾问服务。

（3）投资银行业务。券商协助企业进行并购、资产出售、股权融资等投资银行业务。

（4）资产管理与财富管理。券商为企业提供资产管理解决方案，包括投资组合管理、财富传承规划等。

（5）研究与分析。券商为企业提供行业研究、市场分析报告，帮助企业做出基于信息的决策。

（6）风险管理。券商为企业提供风险评估和风险对冲策略，帮助企业规避市场风险。

（7）资本运作。券商协助企业进行资本结构优化、股权激励计划等资本运作活动。

（8）投资者关系管理。券商帮助企业建立和维护与投资者的关系，提升企业形象和市场认可度。

（9）法律和合规咨询服务。券商为企业提供法律架构、合规性审查等咨询服务，确保企业遵守相关法律法规。

（10）技术与系统支持。券商为企业提供交易和管理系统支持，为企业在资本市场的运作提供技术支持。

（11）跨境金融服务。对于有国际化需求的企业，券商提供海外市场分析、跨境交易服务等。

（12）持续教育与培训服务。券商为企业提供资本市场规则、金融工具使用等教育和培训服务。

（13）定制化金融解决方案。券商根据企业特定需求，设计和提供定制化的金融产品和服务。

2. 签订战略合作协议的流程

（1）初步接触与意向沟通。在初步接触阶段，企业与券商进行初次会面，交换公司资料，了解对方业务范围和合作意向。双方探讨合作可能性，确立合作框架和潜在领域，为后续合作打下信任基础。

（2）深入交流与需求分析。进入深入交流阶段，企业需明确表达战略目标和业务需求，券商全面了解企业的业务模式、财务状况和市场前景，并量身定制合作方案，确保合作精准匹配双方需求。

（3）协议起草与审查。双方共同起草战略合作协议，明确合作范围、期限、权利义务、保密条款和违约责任等关键内容。这一过程需双方充分沟通、协商，确保协议内容详尽且符合双方利益，为合作提供法律基础。

（4）协议谈判与修改。协议草案完成后，双方就各项条款进行细致讨论和协商，提出修改建议，并对协议进行相应调整，以确保最终签署的协议真实反映双方合作意愿。

（5）正式签署与备案。协议经谈判一致后，企业与券商正式签署战略合作协议。签署可以是现场或远程进行。签署战略合作协议后，可能需要对其进行备案，以确保合作的合法性和合规性。

（6）执行与监督。战略合作协议签署后，双方需按约定内容和时间节点执行。券商提供专业服务，企业提供必要资源和支持，共同推进项目实施。同时，建立有效监督机制，定期检查评估项目进展，确保合作顺利进行。

3. 注意事项

在签订和执行战略合作协议的过程中，企业与券商首先需明确具体的合作目标，确保合作的方向既清晰又具有前瞻性。双方应在整个合作期间保持开放并进行充分的沟通，以便及时解决出现的问题，促进合作顺畅进行。同时，必须对潜在风险进行全面评估，并制定有效的风险防控措施，以降低可能的负面影响。

其次，遵守国家法律法规和行业规范是合作中不可或缺的一部分，这确保了合作的合法性和合规性。商业机密的保护同样至关重要，双方应通过签署保密协议来确保各自的商业秘密和敏感信息得到妥善保护。

再次，定期对合作效果进行评估，根据评估结果进行必要的策略调整，对于确保合作目标的实现和维护长期合作关系至关重要。

最后，需设定清晰的退出条款，以便在合作无法继续时有序终止。

只有这样，企业与券商才可以建立稳固的合作关系，实现共同的战略目标，并促进双方的长期发展。

二、专项业务合作

企业与券商的专项业务合作通常是指在特定的金融业务领域内，企业与券商基于共同的商业目标和利益建立的一种合作关系。

1. 专项业务合作内容

专项业务合作内容包括但不限于以下几个方面：

（1）定向业务合作。在某些情况下，企业可能与券商合作开展定向业务，如股票质押式回购融资业务，其中券商利用其专业能力和市场经验帮助企业进行资金筹集和资产配置。

（2）投资银行业务。券商可以为企业提供包括证券承销与保荐、专业财务顾问业务等在内的投资银行服务，帮助企业通过资本市场进行融资和并购重组。

（3）资产证券化。券商作为管理人，可以与企业合作设立专项资产管理计划，投资具有稳定现金流的资产，如应收账款、收费权等，帮助企业实现资产的流动性和风险分散。

（4）财富管理与经纪业务。券商通过其经纪业务，接受客户委托，代理客户买卖证券，同时提供财富管理服务，帮助企业进行资产配置和投资决策。

（5）融资融券业务。券商提供融资融券服务，允许企业通过提交担保物借入资金或证券进行交易，扩大资金来源并利用杠杆效应。

（6）“投行+商行”模式。在某些情况下，券商与银行等金融机构合作，探索“投行+商行”模式，通过资源共享和业务协同，提供更全面的金融服务，满足企业多样化的金融需求。

（7）投资、投行、投研“三投”联动。券商通过整合投资、投行和投研资源，形成联动效应，提供从项目筛选、资本介入到风险管理的全链条服务，以提高服务实体经济的能力 。

（8）银证合作。企业与券商的合作也可能涉及与银行等金融机构的合作，形成跨行业的金融合作模式，共同为客户提供综合金融解决方案。

通过这些专项业务合作内容，企业能够利用券商的专业服务和资本市场资源，实现资金筹集、资产优化、风险管理等多方面的商业目标。同时，券商通过与企业的合作，能够进一步拓展业务范围，增强市场竞争力。

2. 签订专项业务合作协议的流程

签订专项业务合作协议的流程与签订战略合作协议的流程基本一致，主要包括初步接触与意向沟通、尽职调查、协议起草与审查、协议签署、备案登记等。

3. 注意事项

企业与券商在确定专项合作时，应明确合作目标并进行详尽的尽职调查，确保合规性并评估潜在风险，同时合同条款需明确无误，涵盖合作的所有关键方面；签订保密协议以保护商业机密，审查券商的授权与资质，并建立沟通与协调机制；监督合作执行，设定退出机制，并让法律顾问参与整个过程；持续评估合作效果，完成必要的备案与登记，并在合同中明确知识产权的归属和使用规则；制定危机管理计划以应对可能的突发事件，确保合作的顺利进行和双方利益的最大化。

第九章

09

上市后的企业管理

第一节　上市后的财务管理

企业成功上市后，财务管理的重要性愈发凸显，企业需要进行全面的改革和加强，以符合上市公司的高标准和严格要求。在这一新的发展阶段，财务透明度、内部控制、定期的财务报告和信息披露成为公司必须严肃对待的几个核心要素。

首先，财务透明度和内部控制构成了上市公司的基石。一个成功的上市公司必须拥有高度透明和可靠的财务管理体系，确保所有财务操作符合法规要求，并能够承受公众和投资者的监督。为此，企业需要建立和维护一套完善的内部控制系统，这不仅包括全面的财务管理程序，也涉及严格的风险控制机制。企业管理层应制定清晰的财务政策和操作流程，确保所有财务活动都得到有效监督和复核，并定期进行内部审计，以识别和解决潜在的财务风险，保障财务数据的准确性和完整性。

其次，定期的财务报告和信息披露是上市公司必须履行的一项重要职责。相较于非上市公司，上市公司需要在更为严格的时间框架内向公众和监管机构提供准确和及时的财务信息，包括季度报告、年度报告及特殊事件的披露。在编制财务报表时，企业必须遵循国际或国内认可的会计准则，确保数据的真实性和一致性。这不仅要求企业具备精准的数据处理能力，还需要其建立良好的沟通机制，以便及时向市场传达公司运营的最新情况。

最后，上市公司的财务管理还包括对市场反应的敏锐洞察和财务策略的及时调整。在瞬息万变的资本市场中，企业的财务数据是市场观点的直接体现。为此，企业必须构建高效的数据分析机制，实时监控市场趋势和投资者情绪。凭借这些数据，企业能够做出精准的财务策略调整，包括但不限于优化成本结构、重新配置投资组合、实施股份回购计划等。这些策略调整有助于企业有效应对市场波动，保障企业的长期稳健发展。通过这种前瞻性财务管理，上市公司能够在资本市场中保持竞争力，实现可持续发展目标。

此外，如何应对外部审计和监管机构的审查也是企业管理层需要高度重视的问题。由于上市公司受法律和监管机构的严格约束，管理层必须确保公司运作的合法性和规范性，以防止合规问题导致的法律纠纷和市场信誉损失。最佳的实践包括建立完善的合规团队、定期进行内部合规检查、与专业审计机构合作等。这不仅可以有效规避潜在的合规风险，同时也能提高公司治理水平，增强市场竞争力。

然而，实践中不乏因财务管理问题而受到监管处罚的案例。比如下面这几个典型案例：

（1）宜华生活科技股份有限公司（简称“宜华生活”）信息披露违法违规案。宜华生活在2016—2019年期间，通过虚构销售业务等方式，累计虚增利润20余亿元。

（2）广州市浪奇实业股份有限公司（简称“广州浪奇”）信息披露违法违规案。广州浪奇在2018年1月至2019年12月期间，通过虚构大宗商品贸易业务、虚增存货等方式，累计虚增收入129亿元，虚增资产20亿元。

（3）山东龙力生物科技股份有限公司（简称“龙力生物”）信息披露违法违规案。龙力生物在2015—2017年期间，通过删改财务数据等方式，实施了财务造假。

（4）浙江亚太药业股份有限公司（简称“亚太药业”）信息披露违法违规案。亚太药业的全资子公司上海新高峰生物医药有限公司在2016—2018年期间，虚构业务往来，累计虚增收入4亿余元，虚增利润近2亿元。

（5）河南科迪乳业股份有限公司（简称“科迪乳业”）信息披露违法违规案。科迪乳业的控股股东及关联方在2016—2019年期间，违规占用上市公司资金分别为8亿元、25亿元、34亿元、68亿元，并控制上市公司为其违规提供担保累计5亿元。

（6）华晨汽车集团控股有限公司（简称“华晨集团”）债券信息披露违法违规案。华晨集团在2017—2018年期间，通过提前确认股权转让收益等方式虚增归属于母公司所有者的净利润近26亿元，并在公开发行公司债券的申报材料中记载了上述虚假财务数据。

这些案例都凸显了上市公司在财务管理方面可能面临的风险。因此，上市公司必须加强对财务报告和信息披露的管理，确保其真实性、准确性和完整性，以维护投资者利益和市场秩序。

第二节　投资者关系维护

企业上市之后，维护良好的投资者关系是企业迈向长远成功不可忽视的一环。投资者关系不仅关乎企业当前的资本资源，更影响企业未来融资能力和市场声誉。有效的投资者关系维护，需要通过系统化的策略和实际操作，提升投资者的信任度和忠诚度，为企业在资本市场上的持续稳定发展提供有力支撑。

首先，企业要深刻理解投资者关系的重要性。投资者不仅是企业的资本提供者，更是企业的长期合作伙伴。良好的投资者关系可以提升投资者的信任度和忠诚度，进而稳定股价，减少市场波动风险。同时，透明和高效的沟通有助于消除疑虑，让投资者安心持有股份，从而提高企业在资本市场的评价。

其次，建立一个专业的投资者关系团队是维护投资者关系的重要步骤。这个团队的职责不仅仅在于回答投资者的问题，更在于持续提供透明的信息，构建有效的沟通渠道。团队成员需要具备良好的专业素养、沟通技巧以及对财务报表和市场动态的深刻理解。企业可以通过定期的投资者会议、业绩报告发布会和新闻通告，确保信息的透明和及时传达。此外，团队还应关注不同类型投资者的需求，制定差异化的沟通策略，以便更加精准地传达公司信息。

再次，投资者教育是提高投资者对企业的认可度和参与感的有效方法。企业可以通过多种方式的活动，增加投资者对企业经营和战略的了解。例如，开展年度股东大会是一种传统而有效的方式，通过年度股东大会可以与投资者面对面交流，解答他们的疑惑，展示企业的运营成果。同时，企业还可以组织投资者日活动，邀请投资者参观工厂和研发中心，亲身感受企业的生产过程和创新能力。这些活动不仅能增强投资者对企业的信任，也能激发他们的投资热情和长期持有愿望。

最后，利用现代科技手段构建便捷和可互动的投资者沟通渠道，是当今不可或缺的策略之一。企业官网是信息发布的主要平台，应确保内涵丰富、更新及时，便于投资者随时查阅。同时，越来越多的企业开始利用社交媒体和在线平台，与投资者进行即时互动。通过这些渠道，企业可以及时获取投资者反馈，根据市场和投资者的建议进行调整和改进。这种双向沟通不仅增强了投资者的参与感，也能有效提升投资者对企业的信任度。

在维护投资者关系的过程中，企业还有一些实际操作策略需要注意。首先，与投资者的沟通要做到公开、透明、及时，并遵循法律法规的要求，避免信息不对称引发的市场波动和法律风险。其次，企业应建立一个完善的投资者关系管理系统，记录和分析投资者的意见和态度，及时调整沟通策略和管理措施。最后，企业应重视危机管理，在遇到突发事件或负面新闻时，及时发布官方声明，确保信息及时、准确传达，稳定市场预期。通过这些方法，企业可以有效维护和增进与投资者的关系，为企业提供稳定的资本支持，并在资本市场上树立良好的形象。

总之，投资者关系维护不仅是企业上市后的必要任务，也是企业不断成长和发展的重要保障。通过透明的沟通、专业的团队、教育活动和现代技术手段，企业能够构建持久稳定的投资者关系网络，进而实现企业的长远发展目标。

第三节　向下一个目标迈进

企业在成功上市并赢得投资者信任之后将要面对的挑战是如何持续发展并实现新的里程碑，对此企业可从以下几个方向努力。

1. 战略评估

企业应进行全面的战略评估。上市为企业带来了资金的充裕和市场地位的提升，这同时意味着企业将面临外部环境的变化和内部资源的重新配置。

企业应利用数据分析和市场调研，全面审视当前市场状况和自身能力。通过精准的战略评估，企业能够发现未来发展的新机遇与挑战，并据此调整战略方针。

2. 创新与研发

创新与研发是推动企业跨越成长瓶颈的关键。技术创新不仅能增强现有产品的竞争力，还能开拓新市场，提升企业的市场适应性和抗风险能力。上市后，企业应积极引进高端研发人才，增加研发投资，并构建创新生态系统，以推动技术进步。同时，企业应通过申请专利和建立技术壁垒，巩固和扩大市场领导地位。以一家生物医药公司为例，上市后，该公司大幅增加了研发支出，专注于新药研发，最终推出了创新药物，为企业带来了新的增长点。

3. 组织结构优化

组织结构的优化对于企业持续发展同样重要。企业应根据战略方向和市场变化，调整组织架构，提高决策效率和运营灵活性。组织结构优化可能包括精简管理层、优化业务流程、强化团队协作等。

4. 人才培养与团队建设

企业的成功在很大程度上取决于其团队的能力。上市后，企业应加大对人才的培养和引进，建立完善的人才培养体系和激励机制，吸引和留住关键人才。通过团队建设，企业能够构建一个高效协作、创新能力强的团队，为自身持续发展提供人才保障。

5. 国际化发展

在全球化的市场环境中，国际化发展已成为企业增长的重要途径。企业应积极探索国际市场，通过海外扩张、国际合作、全球供应链整合等方式，实现全球布局，以分散风险，利用全球资源提升国际竞争力。

6. 风险管理与内部控制

随着企业规模的扩大，风险管理变得越来越重要。企业应建立健全风险管理体系和内部控制流程，及时识别和应对各种经营风险。只有这样，企业才能实现稳健发展，避免因风险事件而受到重大影响。

7. 企业社会责任

企业的社会责任是其长期发展的重要组成部分。企业应积极履行社会责任，通过环保、公益等活动，提升企业的社会形象，增强消费者和投资者的信任。通过社会责任的履行，企业不仅能够提升自身的品牌价值，还能够为社会的可持续发展做出贡献。

通过上述措施，企业定能在上市后继续保持增长动力，实现从优秀到卓越的转变，不断迈向新的发展高度。

附录

上市方案参考模板

本书将提供几个标准化的上市方案模板，以供企业参考和使用。这些模板将涵盖从企业概述到资金用途的各部分要素，帮助读者迅速上手撰写属于自己企业的上市方案。

模板一：科技企业上市方案模板

1. 公司概述

√ 公司名称、成立时间、注册资本

√ 核心业务、产品或服务

√ 市场定位、竞争优势

2. 管理团队

√ 团队概述

√ 关键成员

√ 团队经验

√ 领导风格

3. 市场分析

√ 目标市场规模、增长趋势

√ 竞争格局、主要竞争对手

√ 客户需求分析、市场机遇

4. 技术创新

√ 核心技术、专利情况

√ 研发投入、研发团队

√ 技术创新对业务的推动作用

5. 财务表现

√ 最近3年的财务报表（收入、利润、现金流）

√ 财务指标分析（毛利率、净利率、资产负债率）

6. 业务模型

√ 盈利模式、收入来源

√ 销售渠道、合作伙伴

√ 供应链、生产流程

7. 未来规划

√ 短期（1～2年）和长期（3～5年）发展计划

√ 技术研发、市场拓展计划

√ 预期业绩、市场份额目标

8. 风险因素

√ 行业风险、市场风险

√ 技术风险、运营风险

√ 财务风险、法律风险

9. 资金用途

√ 募集资金总额、用途

√ 投资项目、预期回报

√ 资金使用计划、时间表

模板二：制造业企业上市方案模板

1. 公司简介

√ 公司基本情况、发展历程

√ 主营业务、产品线

√ 市场地位、竞争优势

2. 管理团队

√ 高层管理人员

√ 核心团队

√ 团队业绩

3. 行业分析

√ 行业现状、发展趋势

√ 竞争格局、市场份额
√ 政策法规、行业标准
4. 制造工艺与设备
√ 生产工艺流程、技术特点
√ 先进设备、自动化水平
√ 质量控制、认证情况
5. 财务概览
√ 最近3年的财务数据（收入、成本、利润）
√ 财务状况分析（偿债能力、盈利能力）
6. 业务模式
√ 销售渠道、分销网络
√ 供应链管理、原材料采购
√ 客户关系管理、售后服务
7. 发展战略
√ 短期与长期发展目标
√ 产能扩张、技术升级计划
√ 市场拓展、品牌建设策略
8. 风险因素
√ 原材料价格波动、汇率风险
√ 市场需求变化、竞争加剧风险
√ 环保政策、安全生产风险
9. 募集资金用途
√ 募集资金规模、用途
√ 投资项目、预期效益
√ 资金使用计划、时间安排

模板三：服务业企业上市方案模板

1. 企业介绍
√ 公司历史、经营理念

√ 服务内容、业务范围
√ 竞争优势、市场地位
2. 管理团队
√ 高层管理人员
√ 团队专业能力
√ 领导风格与企业文化
3. 市场分析
√ 目标市场、客户群体
√ 市场需求、消费趋势
√ 竞争格局、服务创新
4. 服务模式
√ 服务流程、标准化体系
√ 客户关系管理、客户体验
√ 增值服务、定制化服务
5. 财务状况
√ 财务报表（收入、成本、利润）
√ 财务指标分析（运营效率、盈利能力）
6. 营销策略
√ 品牌定位、市场推广
√ 销售渠道、合作伙伴
√ 营销效果评估、市场反馈
7. 发展规划
√ 短期与长期发展目标
√ 服务网络扩张、服务创新计划
√ 技术升级、人才培养策略
8. 风险因素
√ 市场风险、客户流失风险
√ 人力资源风险、服务质量风险
√ 法律风险、行业政策风险

9. 募集资金使用

√ 募集资金规模、用途

√ 投资项目、预期收益

√ 资金使用计划、时间节点